安家之美

王蒙　张伟——著

中国言实出版社

图书在版编目（CIP）数据

安家之美 / 王蒙, 张伟著. — 北京：中国言实
出版社, 2021.12

ISBN 978-7-5171-3974-4

Ⅰ.①安… Ⅱ.①王… ②张… Ⅲ.①住宅—选购—
基本知识—中国 Ⅳ.①F299.233.5

中国版本图书馆CIP数据核字(2021)第261947号

安家之美

总 监 制：朱艳华
责任编辑：薛　磊
责任校对：李　颖

出版发行：中国言实出版社
　　　地　　址：北京市朝阳区北苑路180号加利大厦5号楼105室
　　　邮　　编：100101
　　　编辑部：北京市海淀区花园路6号院B座6层
　　　邮　　编：100088
　　　电　　话：64924853（总编室）　64924716（发行部）
　　　网　　址：www.zgyscbs.cn　E-mail：zgyscbs@263.net

经　　销：新华书店
印　　刷：河北盛世彩捷印刷有限公司
版　　次：2022年1月第1版　2022年1月第1次印刷
规　　格：710毫米×1000毫米　1/16　14印张
字　　数：218千字

定　　价：48.00元
书　　号：ISBN 978-7-5171-3974-4

目 录
CONTENTS

第一篇　房产置业的基本功

第二篇　来自心灵的困惑

第三篇　房产价值及案例

序 言

第一节 体系的讲述

讲房地产有很多角度，可以具体到大学或研究所学者角度、房地产政策制定者角度、中央政府角度、地方政府角度、开发商角度、房地产经纪人角度、小工厂企业主角度、媒体评论员角度、高收入人群角度、中低收入人群角度、本地拆迁户角度等等。

再讲到具体标的物：一线城市、二线城市、三线城市、四线城市、农村的房产各不相同；一线城市的城市中心与次中心、近郊与远郊、洋房与别墅、大面积与小面积户型又各不同。正如哲学所说的，"世界上没有两片一样的树叶"，房产也是如此。不同的角度，不同的标的物，我们的脑海中应该迅速闪过以上十几个场景，然后再闪过一二三四线城市及乡村的房产。这才是中国房产的真实场景。

用一句诗来形容，"横看成岭侧成峰，远近高低各不同。"不同角色、不同的利益群体对有些事情的认识是相同的，但在某些方面的观点是截然相反的。比如说房子是用钢筋、水泥构成的，这是大家都认可的。但是房价为什么这么贵，房价为什么会涨跌，到底有没有泡沫，泡沫有多大，买还是不买，什么时候买或卖，对这些核心问题，大家的判断是截然不同的，甚至是针锋相对的。

　　本书的出发点，就是站在住房需求者的角度帮助购房者分析自身的处境、资金情况、心理预期和自身需求等多方面，并帮助其做出正确的决策。本书不是教科书，而是将教科书的知识体系和个人需求融合而成的作品。房子的背后不是单纯的房地产知识，还有经济学特别是金融学知识；不仅是行政管理学知识，还有财政学知识；不仅是人口学知识，还有城市建设方面的知识。将相关思考、感想汇聚而成的数百万字读书笔记结构化，化繁为简，抽丝剥茧，整理为本作品，帮助没有跨领域专业知识的读者朋友可以一叶知秋，有效地指导购房行动。

第二节　宏观认知

一、房子的本质

我们买的是房子吗？买的是钢筋混凝土吗？不，我们买的是房屋所有权。沧海桑田，再过三十年，我们的车、其他用品都会贬值、淘汰，只有房子的产权证会一直跟随我们，不管是拆迁还是抵押，都可以给我们保障。房子不是单纯的钢筋水泥，房子的本质是房屋所有权。

钢筋水泥只是皮囊，皮囊全国相似，每个小区里房子的灵魂却与众不同，不会在乎你是一层还是次顶层。它是国家认可的（法律意义上的产权保障）、派出所承认的（可以安置户口）、银行喜欢的（可以抵押贷款）、学校同意的（可以优先上学）、丈母娘欣喜的（为女儿遮风避雨）不动产产权。

哪些是优质的房产？我们可以通过价值与价格的剪刀差来判断：人口净流入量高、土地供应量逐年减少、现有库存少、平均收入和中位数收入全国名列前茅、上市公司多、独角兽公司多、自然环境好、财政盈余的城市，产权证价值的预期增加会让你喜出望外。

首付比例高、贷款利息高、贷款金额有封顶限制、购买资格限制、交易税费较全国平均水平高、限制出售年限，使得房屋所有权的市场交易价格降低。

二、第一大支柱

房地产是我国国民经济的支柱型产业、实体产业。

我们看最近这三年的数据，涉及商品房销售额、住宅销售额，以及对应的国家GDP（国内生产总值）：

2018年新商品房销售额149972.74亿元，其中纯住宅销售额为126392.60亿元，销售套数为13298420套，同期国内生产总值为919281.1亿元，占比16.31%。

2019年新商品房销售额159725.12亿元，其中纯住宅销售额为139439.97亿元，同期国内生产总值为990865.1亿，占比16.12%。

2020年新商品房销售额173612.66亿元，其中纯住宅销售额154566.96亿元，销售套数为13555925套，同期国内生产总值为1015986.2亿元，占比15.21%。

三、财政收入角度

远的不讲，就看近几年详细数据，房地产赖以生存和发展的土地：2017年国有土地出让金为49997.07万亿，占地方一般公共预算收入91469.41万亿的54.66%。

2018年国有土地出让金为62910.55万亿，占地方一般公共预算收入97903.38万亿的64.26%。

2020年5月22日在第十三届全国人民代表大会第三次会议上，财政部公布《2019年中央和地方预算执行情况与2020年中央和地方预算草案》的报告，在其预算执行情况中，2019年国有土地使用权出让收入为72584.42亿元，占地方财政本级收入101076.82亿元的71.8%；预算草案中，国有土地使用权出让收入为70406.89亿元，占地方一般公共预算本级收入97500亿元的72.2%。

四、安居角度

从2005年至2018年，共销售住宅1.27亿套，已交付0.86亿套。

根据数据，仍然有4000万套的待交付住宅房产。数据背后代表着几千万家庭、近亿人口，以及银行大量的贷款。如有差池，便是任何相关利益方不可承受之重。

五、产业链带动作用

房地产行业带动多个链条产业的发展。通水、通电、通路、通邮、通信、通暖气、通天然气或煤气、平整土地，以及配套的医院、学校和商场规划筹备；建房时，钢筋、水泥、玻璃、机械工程、配套的苗木绿化；交房后，装修、家电、家具、日常用品的采买等。任何一项都是在拉动就业、促进经济发展、带来社会繁荣。

六、集约化用地角度

一个村庄（棚户区）从横面到立体，可整体搬迁至一个小区，能有效节约土地。

七、城镇化进程的必然要求

　　受农村人口年龄结构偏大及农村人口数量逐年减少等因素的影响，农村人口向城镇转移的速度将有所放缓。因此，即使十年后，仍然有城镇化的需求。城市人口基数越大对改善性住房的需求越大，并且只要经济在发展，就必然存在人口流动。

第三节　打破思维的墙

　　我们在认识世界、改造世界的过程中，容易出现两种结论现象：一种是"指鹿为马"，一种是"盲人摸象"。

　　在房产的购买、选择和判断中的巨大差异，以及涨跌、泡沫等不同言论，是情绪化及盲目听信片面舆论导致的"指鹿为马"，还是由于知识及信息不对称导致的"盲人摸象"呢？

　　大多数人获取信息的渠道有三种：一是身边的朋友和家人，二是官方及媒体报道，三是行业名人、权威、大咖现身说法。

　　我们是否有仔细甄别过他们的社会阶层、角度立场、个人成长历史、个人购买房产历史、成功及失败经验，以及对于未来判断的逻辑合理性及科学性？如果我们知道任何一种论述的前提和边界，是否可以更为全面系统地认知真相呢？

　　大多数人身边的朋友及家人都是房产小白，大部分无购房经验或只有两三套房产的买卖经验；自媒体报道的可信度从历史的验证来看也是参差不齐，盲信会吃大亏；行业名人及权威时常也是相互矛盾；博士、教授的判断从历史实证来看，时常也会让人大失所望。

　　由于困惑，我们不清楚如何不做"单细胞动物"。如何将各种信息梳理整合，化为己用。当构建了系统思考能力后，我们就会明白，在成人的世界里，不能单纯地用对错进行判断，更多的是利弊考虑。我们知道，我们要的东西越多，其背后的意义是我们要付出的越多。本书以房产选筹、准备环节、购买环节为主体，着重于解决内心的疑问，以人口流动、城市化、宏观调控、通货膨胀等为底层逻辑进行系统的阐述。一些内容发人深思，比如：

（1）我们知道框架超过内容，选择大于努力，您放在选择环节上的时间有多久？您放在努力环节上的时间有多久？如何证明您重视选择大于重视努力？

（2）可能您几年的工资就能超过父母辛苦一辈子积累的财富；可能楼市一个涨幅就远远超过我们十多年的积蓄。对此如何理解？

什么才是真正的财富？如果不去思考经济运行逻辑，也不去思考国家运行逻辑，根深蒂固的小农思想，就会造就一大批"羊群"。

愿我们能分出轻重缓急，愿我们在上百万的房产选筹、准备环节，能够投入几十个小时，做到精益求精。

一个人思维的宽度和深度都是有限的，两个人乃至多个人思维的碰撞会产生倍增效应，远超两个人各自思维之和。聚集有思维、有见地、有深度的朋友，共同碰撞，共同学习进步，以思维为支点，以家庭（房产）为标的物，实现人生的进阶。

我们不论从事什么职业，都与买房有关，睁眼看世界，拥抱不确定，争取可以做到代际传承。不少人接受了十几年的教育，难道能接受客居其他城市，连套房产都买不起吗？

通过这本书，你可以发现自己的潜能，买房无非是时机的选择、面积的大小、距离的远近而已，楼市不再云山雾罩，买房不再无奈彷徨。通过这本书，当遇到房产问题时，能弄清楚疑惑是什么，然后以剥洋葱一样的手法，剥开所提问题的底层逻辑，用最基础的原理解答买房卖房和资产配置难题。

第四节　微观落地

一、大处着眼，小处入手

通过穿着打扮、身高、体重、年龄来评价一个人总是肤浅。我们更应该关注一个人在社会中体现出来的性格、气质、风度、信念、理想、追求，再聚焦于行业、职业、岗位、学历、才智、存量财富、增量财富等。

房产又何尝不是如此呢？

先是从微观角度评价：置业后居住人口、户型选择、小区对比、楼层、面积、朝向、首付区间、贷款额区间、总房款、流水、征信与月供。

进而扩大角度：学校、地铁、医院、商圈、板块、城市选筹、购买资质、贷款资质、办理贷款、利率、装修、购买时机、卖出时机、改善时机、楼市风险及政策导向。

再扩大到宏观角度：人口净流入、经济增长、优质企业、金融机构存款余额、土地财政、城市规划、城市化、板块轮动、宏观调控、信用货币、通货膨胀。而这些内容分布在财政学、金融学、经济学、社会学、历史学、生物学等不同学科专业领域，任何信息的纰漏往往导致决策的不完善甚至失误，特别是价值几百万、上千万的购买决定，其结果往往不可逆。单纯一个房产税，已经让部分购房朋友迷茫不已。更何况还存在出生率降低、通货膨胀、新城区建设等感觉与自己很遥远，但是又有实质影响的种种因素。

笔者关心的话题都是与老百姓息息相关的。比如，现在房价降到底了吗，预计什么时候能涨起来；我首付不够，还能有什么办法解决；这几个楼盘我选哪个合适；我选90平方米的两居还是120平方米的三居；要涨，整个商圈楼盘都涨，要跌，区域内甚至城市都是联动的，我这一套处于什么角色和趋势……本书便是数百人不断探讨、总结的智慧结晶，不过是由笔者化零为整，系统输出而已。

二、学以致用

我们个人要学以致用，资金实力、城市选择、工作收入及天花板比较明确的情况下，目前自己的处境可以做的选择其实是有限的。那么我们需要做的便是掌握能知道的，了解自己尚不清楚的，在现有条件下做出最优解。不后悔，不彷徨，不恐惧。

我们不会对从来没接触过的事物痛恨不已，也不会对不了解的事物疯狂欣喜，保持有限知识信息下的相对理性。

我们基于感觉发现，进而总结经验和规律，最后落实到行动上。这是知行合一的过程。而有部分朋友会从感受评价直接跳到行动步骤，少了经验总结和规律的研究，即出现盲从的羊群效应，在房产领域受到伤害的往往是这部分群体。

笔者在某一天的晚餐后，与母亲聊天，说到买第一套房子时，各个亲戚、朋友都会有一些建议。时过境迁，总结起来便是：告诉我真相的，我以为是骗我；告诉我虚幻的，我可能以为是真的，因为我总是以自我感受为判断依据。从根本上讲，是因为缺少了判断的逻辑，具体来讲是与房子相关的知识体系尚未建立，再具体讲便是知识数量、知识质量和知识密度不足以支撑判断。

"博晓古今，可立一家之说；学贯中西，或成经国之才。"这是我们每一位读书人、每一位实干者的终生追求。笔者自知真正要把房产研究好，需上达庙堂，下通江湖草莽，理论知识和实践结合。因此诚惶诚恐，生怕耽误了读者。读者们抱着怀疑的心态来阅读，一定收获更大。

　　房产买卖是资本密集型、知识密集型事业。读万卷书，行万里路，阅百座城。把理性的分析进行有机整合，知识学习与现场考察相结合，一个"勤"字贯穿始终，成功的概率就会比较大。

第五节　把握时机

　　笔者在文中列举了影响房价的百项因素，随着时间的推移，可能会有调整，或增加或删减，然而思路不会变。本书争取做到通俗易懂，提取能解决大多数人心中困惑的关键点进行分享阐述。

　　夜观天象不如顺水推舟、快人半步。房价涨跌启动周期一般不少于3个~6个月，关键是在上涨之时，先人一步买入、改善；下跌之日，比别人早一步卖出、置换。普通人看房，中产谋城，上乘者赶风口！

第一篇

房产置业的基本功

第一章　为什么买

第一节　自省求真知

一、不买房族的言论

将不买房的原因进行梳理，一类是煽情的文字描述：描述感受的，如崩溃、绝望、折磨、致命、负债累累、掉进火坑里、苦不堪言等；判断房产趋势的，如崩盘、风险、负债、债务、畸形、贬值、赔钱等。另一类是偏理性的考虑：（1）房子处于高价，后续大幅降价；（2）买房子就是负债累累，毫无人生乐趣；（3）抓住钱，不能为了住或者虚荣心买房；（4）房贷还清了，人也老去了；（5）住房重要，还是快乐轻松重要；（6）房地产泡沫会崩塌。

读完以上不买房的原因后，普通人内心产生了深深的恐惧。跳出来看，就会发现是"四无产品"：（1）没有前因背景描述；（2）没有过程推理；（3）没有数据统计；（4）没有对比分析。不做分析，用负面的词语去形容，极易误导读者。

具体来讲，买或者不买，基于城市不同、板块不同、房价不同、每个人的情况不同，对应的决策是不同的。简单来说，就是不同家庭和工作背景的人、不同的收入、不同的积蓄、在郊区或者市区，针对刚需房或者改善房，做出的是不同的选择。

要不要买房，主要分为两类言论，一类是趋势看空，一类是趋势看涨，分别称为"空军""多军"。它们的关键点提取如下：

空军：束缚自由；租售同权；存在泡沫；房产税挤泡沫；房子太贵了，谁能买得起，黑心商家；房奴。

多军：房子是丈母娘的礼物；爱的港湾；男人底气所在；孩子上学落户口的基础；为数不多可以使用几十年上百年的物件；可以在银行按揭或抵押出资金；为企业经营所用；房子是避难所；房子不是很贵，努力用心可以买到。

综上可知：一万人眼中有一万个"哈姆雷特"，关于房子有不同的解读。要不要买房，没有绝对答案。针对常规不买房的六大原因，后续有相应的分析、拆解和对策。

二、房子是什么

在前言中，针对房子的本质已经有过讲述，但是开宗明义，将房子的属性讲解得再详细、再多角度，都不为过。房子是钢筋混凝土，一旦房子建成入住，钢筋水泥组合的四壁将不会再有修改，房产基本定型。可是为什么老房子却不断升值？在大城市，看起来不起眼的老房子为什么均价三四万？在一线、二线房地产成熟的市场，"老破小"的旧房子单价超过新房价格的比比皆是，为什么？

1998年住房改革之后，在市场上可以自由交易的，称为商品房。而商品房的本质就是商品，和汽车、手机、粮食、衣服等是一样的。再往下追溯，商品房又是资源，天生带有稀缺性，而稀缺自然有无序竞争，继而创造出投资和投机行为。这是我们思考问题的底层逻辑。所以，让我们的房子真正值钱的并不是那个钢筋水泥壳，而是房产下面土地带来的资源。某套房子的品牌是某城市，而不是某开发商！

房子的五大核心附属属性——教育配套、产业配套、商业配套、医疗配套、交通配套——都成熟时，便是阶段性价格最高之时。不同配套并不是同步完善的，每种配套的完善，往往要经历四个阶段：第一个是政府规划公布阶段；第二个是动工打地基阶段；第三个是完工即将交付阶段；第四个是使用运行阶段。

如果核心城市，只要交通配套跟上（地铁、高铁、轻轨或者城际），自然能带来大量人流、物流，商业、医疗、学区和产业就会慢慢跟上来。结果自然是大投资推动中小投资，大型集团性固定资产投资带领中小型个人投资，使得区域羽翼丰满，促进人口流入。因此，买住宅商品房买的是城市的未来，买房承担着对美好生活的向往。

有一种说法，城市化的过程其实就是空间生产的过程，或者说是空间资本化的过程。任何一个社会，任何一种生产方式，都会生产出自身的空间价值，政府通过行政力量，资本通过资金的力量来助推，具体通过政策、规划和用地，把纸上规划变成陆地上的现实物理建筑。从某种意义上讲，城市化的推进，是低密度建筑被高密度建筑取代的过程，房地产就是房产、地产及其空间资本化的组合。

三、房子过剩吗

房子是过剩的？这话也对也不对，且请听我慢慢分析：

第一、准确地讲，人口净流入的区域房子是稀缺的，人口净流出的区域房子空置率是很高的；不管人口是否净流入，新建设的小区空置率是很高的；不管人口是否净流出，老小区空置率可能也很高。

第二、房子是否过剩，要具体到区域和个人，才能有准确的答案。而稀缺与否的原始动力源于对美好生活的向往。党的十九大报告指出，中国特色社会主义进入新时代，我国社会主要矛盾已经转化为人民日益增长的美好生活需要和不平衡不充分的发展之间的矛盾。

第三、关于商品供应与需求，人类历史上有两种调控方式，一种是计划经济，一种是市场经济。比如，在1998年房改之前，分配房产的方式并不是市场化的，即不是用钱来买的。但是我们知道计划经济在特定阶段的不可替代性和历史地位，也知道市场经济的优势。都知道北京、上海好，如果按照计划经济的方式，外来人口如何获取资源呢？资源分配很难做到公平公正。而通过市场经济的价格调控能最大程度解决公平公正问题。

第四、在限购的情况下，一般来说，二手房成交占房产交易的比例越高，说明本城市本阶段本区位房产越稀缺；新房供不应求，说明本阶段本城市这类产品是稀缺的。稀缺和过剩是相对的，不存在绝对的概念。在不限购的情况下，如果新房供大于求，销售进度极慢，说明此阶段此类产品是过剩的。如果难以理解，我们可以看汽车市场，发现部分滞销品牌滞销车型是成百上千台挤压在仓库的，而畅销车型需要加价才能提车。所以汽车过剩吗？也对也不对。对的原因是有的车型滞销，不对的原因是有的车型需要加价。因为如果分大类，可以讲房产结构性过剩，也可以讲结构性稀缺。

综上所述，谈宏观概念的房子是否过剩没有意义，不利于个体做决策。我们只要考虑自己买的那套房是否有潜力、是否稀缺、是否畅销、是否有好口碑即可。

四、站在 2035 年看今天

站在15年前的2005年看今天（2020年），收入很高，房价很贵，兰州拉面很贵，机械制品、电子制品很便宜，当时刚刚加入WTO（世界贸易组织），刚刚融入全球产业链中，仅仅是中国制造。

站在15年后的2035年看今天（2020年），房价也许很便宜，兰州拉面也不贵，机械制品、电子制品很贵，那时中国经济总量也许已经是世界第一，希望那时我国可以在多个领域主导全球产业链，不仅仅是中国制造，更是智造。

用动态的眼光看事物的发展，"拎包产品"越来越便宜。"拎包产品"

的意思是可以大规模复制，以机械化大生产为典型特征。稀缺的不可再生资源成为人们必需品，则会"物以稀为贵"，需要融入人工服务的产品也会越来越贵。人们的生活水准越来越高，有涨价的有降价的，但是总体来说，成本是会越来越高。

五、如何看待房产调控

一句话，房产过快增长，风险较大，于国家、于人民都不是好事。为了确保民生，确保风险可控，要将房价控制在合理的区间范围。

2017年—2020年，连续出台了成百上千条措施调控房价。精准调控，一城一策，限制贷款，限制购房资格，精准打击持续买入人口净流入城市住宅的有钱人。先把房价摁住几年，让居民收入和社会财富整体达到平衡，赶上来，做实房价。今天的房价当然偏高，但是过几年，随着收入提升，人们口袋鼓了，房价便有了真实的购买力支撑，有人卖房有人买房，房价自然就跌不下去了，中国大都市房价"大涨小跌"就形成了。其实大都市的房价最好的状态是缓涨，配合着国家繁荣富强、城市建设、居民财富、配套完善、货币通胀。但是又因为买涨不买跌，容易出现羊群效应的疯涨或楼市大萧条。所以说，调控是一门平衡术。

如果说得学理一点，是经济学中新古典经济学和凯恩斯主义对世界不同的看法。概括来讲，前者主张市场经济，充分竞争，促进充分就业；后者指出市场的局限性，需要政府调控才能达到经济最优。现在越来越多的国家将其结合使用，不过比例和力度根据国情和阶段略有差异。商品价格受供求关系的影响，围绕价值上下波动，则是价值规律的表现形式。

第二节 宏观大趋势

一、人口流动

中国的人口流动与迁徙，自古以来就没有停息，比如闯关东、走西口、下南洋、东渡日本、西去欧美国家等。不管是求生存还是谋发展，都是特定历史阶段的产物。

"我们看城市化率极高的美国、日本等发达国家，其人口迁移大体上呈两个阶段。第一阶段，大量的人口从农村向城市迁移，一二线、三四线城市都有人口迁入，此时的产业结构以加工贸易、制造业和资源性行业为主。第二阶段，大量的人口从农村以及三四线城市向一二线大都市圈及卫星城迁移，三四线城市人口迁入停滞（或者迁入迁出同步），大都市圈人口继续增加，集聚效应更为明显。这与更复杂的经济层面有关，具体为现代服务业兴盛以及新兴就业岗位的增加，另外也与大都市圈教育、医疗等公共资源有关。值得注意的是，在第一阶段到第二阶段过程中，会出现短期的大都市圈向区域中心城市回流现象，但不改变大的趋势。这也就意味着，中小城镇化战略和大规模西部造城运动可能是不符合人口迁移规律的。中国正处于人口迁移的第二个阶段，在未来中国的人口迁移格局中，一线城市和部分二线城市人口将继续集聚，城市之间、地区之间的人口集聚态势将分化明显。在东部地区，北上广深津等大城市将可能继续呈现大量人口净迁入；其他城市，特别是外来人口众多的中小城市，人口增长有可能放缓甚至停滞；在中西部地区，重庆、郑州、武汉、成都、石家庄、长沙等区域中心城市人口将快速增长。"（《房地产周期》，北京：人民出版社）

人口的机械增长，也称为人口迁移，在过去的几十年时间内，我国的城市化水平从40%左右的水平，提升到了2019年的60%，每年有近1000万人进入城市，改变工作目的地和工作种类[①]。80后、90后的新一代劳动者对劳动环境的要求更高。相比传统制造业工厂较为枯燥和单调的工作环境，这些新劳动者更愿意选择从事第三产业，经济发达的城市凭借优质的社会公共资源和良好的就业机会对流动人口形成了强大的吸引力，大量的流动人员到大城市后，融入大城市的愿望十分强烈，使得资金、智力在内的各种要素资源向大城市聚集。

二、资金流动

中国的经济中心和金融中心具有合二为一的天然属性，中国的城际产业资本的控制中枢，是以北上深为中心的城市资本网络。

跨城市的资本流动，资本枢纽中最亮的三个点分别是粤港澳大湾区、长三角城市群和京津城市群。这三个城市群与成都–重庆（成渝）城市群构成了钻石形状，只有其他区域的几个亮点游离在外。

资本市场受北上深的资本流出流入的影响较大。可以说，北上深通过一笔笔对外投资，引导并在一定程度上控制着重要产业链的资金流向和经济命脉。

钱是从哪里流出来的，又流向了哪些城市呢？

一般我们能感受得到，当经济状况好的时候，北上深资金和企业先知先觉，扩张扩张再扩张，春暖花开迎夏；当经济状况低迷的时候，北上深

---

① 凤凰网财经专栏，2021，4，7.

企业和资金收缩收缩再收缩，紧衣缩食过冬。

北京、上海甚至可以称为资金的出发点。体量相似的两个公司，商业模式或者盈利空间都相似的情况下，往往在北京或上海的一方具有"近水楼台先得月"的资金优势，同时资金对应的人才、知识等资源，往往是优势多倍加持。身处北上深的企业最终大概率赢得主动，从企业并购史中便可以略知一二。

三、中国城市化

中国的城市化将是影响二十一世纪人类社会发展进程的一件大事。

房地产供需的结构性问题，再如何强调都不为过。长期绝对短缺，短期个别区域相对盈余。改善型需求是未来几十年住房需求主体。其特点是面积在100平方米以上，物业、户型、绿化、交通、环境、医疗、教育要相对好一些。另外，房产一旦超过20年，往往便有了破旧感，在设计理念上、配套上存在众多不足。

我国房地产的发展遵循"纳瑟姆曲线"，经历"起步期""加速期"和"减速期"三个阶段，对应的城市化率边界分别为30%和70%。2020年城市化率为60%，中国城市经济学会副会长魏后凯表示，2035年左右，城市化率达到72%左右，之后城市化速度减慢，但是仍会保持在0.3%–0.5%，到2050年，中国的城镇化率能够接近80%[1]。人与人的差距首先是修养、学识等内在差别，其次是外在的资金和房产多寡，当我们发现时，差距已不可逆转。

中国从几千年的农业国（思维）中快步迈入城市化，不少人停留在全款买房的传统思维中。随着城市化的浪潮，大量人口迁徙聚集，造成房产稀缺、价格上涨的趋势不可避免。

城市化是农村人口向城市转移的过程，是小城市人口向大城市转移的

---

[1]　凤凰网财经专栏，2020, 10, 31.

过程，人口聚集释放了巨大的住房消费需求。人们来到城市是为了追求更好的生活、追求更多的机遇。正如俗话所讲，人往高走，水往低流。人口从低效率的过剩行业（传统）向高效率的稀缺行业（现代）转移。所有的一切表明，部分村落、乡镇的衰落是不可避免的，经济欠发达城市与经济发达城市之间的差距也会越来越大。

四、哪些城市最保值

以2021年为界限，中国城市化的前20年和后20年，会有什么样的区别？恰好以城市化率60%为界限，粗略地分为上半场和下半场：上半场，是以增量市场为主的游戏，存量市场在逐渐崛起，郊区占便宜，新城市占便宜；而城市化的下半场，是存量市场的游戏，每年净增数量达到瓶颈。也就是说在下半场，一线与二三线城市之间，一个城市的市区和未开发的郊区之间的差距会拉开。

在全国范围内，哪些城市的房产最有长线保值增值价值？我们知道房价上涨的根本原因，是人口、产业和资源导入导致的供需矛盾加剧，房产供不应求；另一个原因是经济增长和货币供应增加。简而言之，就是局部市场（大城市）的人变多了，钱变多了。

如果从长远来看，推荐三种城市：

第一种，国家中心城市，北京、上海、天津、重庆（四者同时是直辖市）；其他中心城市，广州、成都、武汉、郑州、西安；网红城市，杭州、苏州、青岛、厦门、沈阳等。

第二种，最近五年，经济总量排名前20城市，人口净流入前20城市，本外币金融存款余额前20城市。三者都符合的，保值增值空间最大；符合的越少，增值空间越小。

第三种，所在省的省会、计划单列市或者副省级城市。

以上三种，不管哪种推荐，尽量选择你生活或工作的城市，因为轻车熟路，购置后或用于租赁或用于买卖都较为方便。

有人会问：三四五六线城市的房产，还有保值增值空间吗？中小城市，房子不用多，一套大房子足够了。当大牌的开发商把全新设计和配套的房子带过来，是极有震撼力的，特别是对有钱人来说，如果不拥有一套，会受到圈层人际的压力。因此中小城市跟随时代需求的新房子是可以保值增值的，老房子可能要差一些。

五、宏观调控

对房地产领域的宏观调控主要包括限购、限价、限售和限贷。限购是限制购买的资格和套数，限价是限制商品房的最高价和最低价（包含限房价，也包含限地价），限售是限制房产转让的权利（一般是时间限制），限贷是限制贷款的金额和资格。

所有国家的宏观调控，都是为了调节经济运行所必然采取的手段，这并非我国的"专利"。正如我们开车，遇到上坡就要用力踩油门，遇到下坡就要踩刹车一样。一个国家、一个群体也是如此，它与人性有关，避免出现"羊群效应"，避免失去理性。

有人会问：难道宏观调控一定比不进行宏观调控有效吗？答案是未必。但总体上，遇到下坡提前刹车，风险要小很多。当房产过热的时候（往往是供不应求，供求失衡的状态），我们让它慢点热；当房产过冷的时候，我们希望能够推动它热起来，保持均衡的状况。比如，粮食高产了，我们就想着把它给储存起来；当粮食产量少了，我们就希望进口或者把储粮拿出来进行消费。

经济学中，"价格围绕价值上下波动"，需要补充的是，"价格与价值相互成就"。凡事都是有周期的，我们要客观地认识宏观调控，希望能够促进经济形成良性循环。我们作为个人要善于借助时机，跟随经济趋势，达成房产保值增值的结果。

当物品稀缺的时候，只要拿着粮票、商品票，物品供应量再少，涨价幅度也可控。因为购买资格少了，你都能换取你生存需要的资源。相反，没票的，有钱也没用。今天的房地产市场也是如此。政府通过规划和土地出让决定长期的供应量；通过审批控制供应量的速度，控制短期供应；通过限购限售限贷控制短期需求量。很现实的是，对房产的宏观调控，使得普通大众与富有人群在生存资源（房产）面前，前所未有的平等与接近。

六、外资流动

价格是价值的尺度，用价格来描述价值。其中影响房价涨跌的不可忽视的因素，是人民币对美元的走势。如果美元大量印刷、购买力下降，自然造成人民币相对美元的升值，大量外资为了避免货币被稀释，会涌进中国。

房价的涨跌在其他因素不变的情况下，也会受到人民币兑换美元的走势影响。所以我们希望汇率不要大起大落，那会形成"多米诺骨牌"效应，不利于经济稳定。

七、房地产周期

房地产周期可以分为长中短周期，长期看人口，中期看土地，短期看金融。

以时间维度进一步细化，将其立体化呈现。除了短中长期眼前看供需，实际看配套，又有六项细分指标：上侧看政府，下侧看企业，外侧看经济，内侧看媒体，左侧看收入，右侧看支出。可以称为360度看待房地产的周期变动，相互验证，甚至牵一发而动全身。

八、大江大湾看大都市

在分析这个之前，先说一下我们习以为常的铁路铁轨的宽度。现代铁路铁轨之间的标准距离为1435毫米。为什么会采用这个标准呢？原来，早期的铁路是由造电车的人设计的，而电车的轮距标准又是从古罗马军队战车的轮距宽度沿用而来的。罗马人怎么设计的呢？原因很简单，就是牵引一辆战车两匹马屁股的宽度。因此，我们会发现铁道的轨道宽度是由马屁股决定的。

映射到城市发展，全球的大都市经过对比研究发现，往往都是靠近大江、大湾或大码头。这是多个因素决定的。

首先，水是生命之源，古代人们往往是逐水而居、繁衍生息。其次，随着生产力的发展，人类开始远航，在航海过程中，船舶总需要停靠，同时进行物品的交换，因此这些码头、大湾就成为人类聚集点之一。此外，随着科技的发展，发现水运的成本大大低于陆运，更低于空运，并且地球表面70%覆盖着水域。大江大河大湾大港形成正向强化效应，汇集之地为大都市的形成创造了物理条件。

看全球都市群，要么临江，要么临海。世界前几大城市，比如美国纽约、日本东京、英国伦敦、法国巴黎、中国香港、新加坡、澳大利亚悉尼等。

看国内四大直辖市——上海、重庆、天津和北京，北京与天津相邻，同属于京津冀都市群，因为我国南涝北旱，启动了人类历史上的伟大工程"南水北调"。其他经济强市，比如广州、深圳地处珠江三角洲，成都、武汉、南京、无锡、苏州都紧挨长江，形成经济带。丰富的水资源，使得大都市的建设和运营成本极大降低。

九、胡焕庸线的现实意义

"胡焕庸线"是1935年我国地理学家胡焕庸提出来的，它是从黑龙江黑河到云南腾冲的一条线，是自然及人口的分界线，在某种程度上也成为目前城镇化水平的分界线。

从自然环境上讲，胡焕庸线是气候变化的产物，与当代发现的400毫米等降水量线高度吻合，是我国半湿润区和半干旱区的分界线；从人口分布和经济上讲，它标志着人口密度和经济的巨大差别，东部地区成为财富主要的创造地区，进入21世纪，东部以百分之四十多的土地聚集了全国百分之九十多的人口。这一切与自然资源、气候脱不开关系。

有一种说法，古代历朝历代更替，很大一方面原因是因为自然资源及自然环境的恶化、气温的变冷、降雨量的调整，导致人民生活困苦，因而揭竿而起；汉朝的文景之治、汉武盛世，唐朝的贞观之治、开元盛世，清朝的康乾盛世也是由于自然环境加持。

对于今天人口的迁徙，包括城市选择、安家置业、择业就业在内，还是具有参考意义的。笔者从北方来到长三角区域，明显感受到人文方面的差异：南方重商、重经济。八百多年前，南宋诗人陆游的文章中写道"苏常熟，天下足"，不仅能自给自足，并且有结余，还可以对外输送，一方水土养一方人。根据我们的能力和所处阶段，根据不同的喜好和限制，来匹配自身生活发展的城市。原则上选择人口密度比较大的区域。

十、如何理解布雷顿森林体系的崩塌

不同国家形成的货币体系，在竞争和协调中前进。到了第二次世界大战的中后期，各国货币竞相贬值，动荡不定，影响经济发展。凭借美国拥有全球四分之三黄金储备和强大军事实力的大国地位，1944年7月1日，44个国家和政府的经济特使在美国新罕布什尔州的布雷顿森林召开了联合国货币金融会议（简称布雷顿森林会议）会议决定建立国际货币基金组织和世界银行两大国际金融机构。

布雷顿森林体系是以美元和黄金为基础的金汇兑本位制，其实质是建立一种以美元为中心的国际货币体系。此举优点是有助于国际金融市场的稳定；典型的不足是"特里芬难题"，决定了布雷顿森林体系的不稳定性，一旦遇到国际收支恶化，会使得美元出现信任危机，导致黄金的挤兑或兑换危机。

美元停止兑换黄金和固定汇率制的垮台，标志着第二次世界大战后以美元为中心的货币体系不到三十年便宣告瓦解。布雷顿森林体系崩溃以后，国际货币基金组织和世界银行作为重要的国际组织仍得以存在，继续发挥维护货币价值稳定的作用。

货币具有价值尺度、流通手段、贮藏手段、支付手段和世界货币五大职能，是随着商品经济的发展而逐渐形成的。其中，价值尺度和流通手段是最基本的职能。货币首先作为价值尺度，衡量商品有没有价值、有多少价值，然后作为流通手段实现商品的价值。这是极其抽象地描述货币。如果从学以致用的角度来理解，现在货币在国际市场上是无法兑换到黄金的，"金本位"不复存在，主要是依靠国家信用。

第三节　聚焦看价值

一、活跃经济

对于绝大多数工薪阶层来说，房产是最大的支出。最近几年房地产销售额可以达到十几万亿，占据全国GDP的10%以上，拉动了五六十个行业，包括最基本的钢筋、水泥、玻璃、物流、运输、机电等行业，现在很多地方要求精装修交付，进而带动了人工、厨卫、家电、家具等行业。所以说房地产是国家的支柱性产业，影响数千万人的安居乐业。

对于银行来讲，房地产贷款属于优质种类，违约率在各种贷款里面是最低的，因为我国有着全球最佳的风险控制体系。比如，首付金额在不少发达国家往往是10%～20%的首付比例，而在我国普遍是30%～40%；付给银行的月供金额，我国控制在家庭收入可支配收入的50%以内；以家庭为单位，有了两套房贷，控制或限制第三套的贷款资格；在部分城市，哪怕贷款记录已经还清，仍然按照二套的首付比例和贷款利率计算等。从购买力（落地到房产）的总量，从金融机构的安全性角度，形成经济循环的闭环。

二、房子的使用周期

我们经常嘲笑房子就是钢筋混凝土，凭什么这么贵？诚然，咨询过专业人士，房子使用一两百年，没什么问题，但是也要保养和修补，涉及管道（上卜水）老化替换、墙体脱落修补，甚至保温层的自然损耗，比如，老鼠撕咬、电线更换等，可以跨几个代际使用。这是第一类回答。

第二类回答，土地出让金是七十年，商品房市场兴起及蓬勃发展到如今才二十多年，国家政策也是住宅土地自动续期，土地出让金的延期费用也不太贵。

第三类回答，一套房子的生命使用周期。一般来说，10年～20年是我们人生周期，不管是家庭人口、财务状况还是工作属性等，往往在一个房子住十多年就会更换，或者再购置新房。正如我们买衣服，在力所能及的前提下，每年都会买新衣服，并不是现有的衣服不能穿了，而是衣服旧了，跟不上潮流而已。房子也是如此，人都有这样的一个心理特征，总是希望有更多的获得感。

第四种回答，再过20年，今天认为贵重的东西还有哪几种？列举出来，我们可能发现真的很少，今天感觉非常棒的车子、手表、首饰，甚至一些企业的股票可能都会随风飘散，一文不值。这就是时间的力量。房子或许不是最好的，但是比起大多数我们能获取到的，是能够长久囤积财富、囤积未来的最好物件。

三、土地和土地的不同

我国是社会主义国家，土地归国家和集体所有。在资本主义国家，土地归个人所有，所以造成土地持有不均，甚至存在产权不清晰的状况。不管土地所有制如何，任何国家通用的规则是对土地进行规划、设置属性，比如，农业用地、商业用地、办公用地、公共设施用地等，再具体到教育用地、医疗用地等。

笔者出生在农村，感觉地广人稀，土地很多很多。到了城市，看到仍然有村庄或者荒地，当房地产领域人士讲到城市没有土地的时候，我是嗤之以鼻的，心想：为了让我买房，还这样忽悠我！后来才知道，确实没有忽悠我，如果这样阐述：市区的商业用地（住宅类）越来越少了，我们看到的土地不是住宅用地，而是别的规划。所以当住宅商品房越来越稀缺时，物以稀为贵，价格自然会上涨。

四、农村人财富易折损的"三个坑"

农村人的财富积累常碰见三个"坑"，第一个"坑"是借给邻居或亲朋好友做生意（跑路、资金流断裂或货积如山）。不是不应该借，而是所售卖物资是稀缺还是过剩，是否还有盈利空间，生意的门槛和核心竞争力是什么等因素需要考量。

第二个"坑"是直接或间接投资 P2P网络借贷平台。直接投资理财好理解，间接投资是通过信贷经理或亲戚误入P2P（往往会包装为入股银行或存款银行），碍于情面，无法精准描述信息和刨根问底。这个需要考量。

第三个"坑"是到镇上或者县城买了小产权房（弊端有：无房本、不通暖、不能贷款、无金融属性、不能落户等）。

随着经济的发展，越来越多的年轻人会到大城市工作，哪怕是做最基础的工作，也比在老家的生活质量、收入、环境要好一些，跟曾经生活过的闭塞世界是不一样的。让一个见识到灯红酒绿的人再收住野心和欲望，内心接受不了。所以，哪怕是在县城买房，优越感和自信心也要比镇上强；在地级市买房，优越感比县城还要高。这是普遍存在的情况。

换句话说，我们每一个人都在非常努力地去生活、去工作，让自己能够有更好的平台。一种说法是孩子的起跑线是幼儿园或者小学教育，另外一种说法是父母的眼界是孩子的起点。尽自己所为，选择更高层级城市的房子，方向性、历史性、时代性的错误没人能补偿给我们。

优秀的企业总部或分厂、分公司，也不会在农村地区及乡镇，一般是一二线城市或都市圈。你占住一线城市，你就是一线城市的市民，享受一线城市的发展、就业机会、医疗、教育和保障；你占住二线城市，你就占住了二线城市的一切。在同一个城市里，占住内环你就可以享受市中心的繁华；安家中环，你就可以享受四环配套；占住未来的城市中心低密度居住区，你就占住了这个城市未来最好的地方。城市的发展是有规律的，也是不可逆的。

五、农村人买房的四个台阶

笔者作为出生在农村、到大城市发展的亲历者，将到大城市发展的过程比喻为"升级打怪"，需要克服四个台阶。

第一个是自以为过几年回农村发展，在老家自建新房，甚至建设两层（类别墅），大宅大院大车库，非常气派。但是，我们发现村里的建筑队已经不见了，越来越少的年轻人选择在老家结婚。我们老家农村小伙儿娶媳妇，至少要在几公里外的镇子上买房，哪怕不住也要买，不管是由于攀比还是新时尚，或者是男方资金实力的验证。在笔者所在的农村男多女少尤为严重，在住房的问题上，如果没有置办好，婚期往往会无限期拖延。

第二个是去乡镇买房，并且买小产权房（没有房产证）。因为往往觉得离家不离乡，父母在不远行，在乡镇安家是属于最合适的城镇化。镇上很少有大产权的房子，因为地方规划或者政策原因无法办理正规房产证，那么房子权属是有缺陷的，比如，存在无法按揭贷款、无法抵押、无法落户、孩子的上学等诸多问题，甚至存在违章建筑的可能性。关键是它不足以作为人生的跳板，对下一代的帮助是有限的。除非所在的乡镇靠近一线或者二线核心城市，否则如果有更好的选择，何必选择乡镇的小产权呢？

第三个是在县城买房置业。如果说是老一辈买房，在县城安居乐业、颐养天年，是可以理解的。农村一般能享受到的是畅通公路、基础医疗和九年制义务教育，高中就要进入县城，稍微好一点的医疗也要去县城。如果是年轻人，一定要考虑清楚，是否会限制了自己的发展。县域经济在全国或全球的产业链中，往往是以制造业、加工业为主，新经济新服务的机会是比较少的。企业的话，可能只有一到两个知名企业，发展空间是有限的，全国几千个县及县级市，也是城镇化的主战场，年轻人根据自身的情况进行匹配。

第四个是在大城市买小产权房，或者因为回迁，或者因为初期的政策，是没有房产证的（一定不能买违章建筑）。这种房子可以享受到周边的规划、交通和人医疗，但是无法享受到户口、金融等好处，以及孩子读书的便利。当然，退一步讲，买一定比不买强，一定比亏损要强，这都是对美好生活的追求。只是既然勇敢地迈出了那一步，脱离开老家的束缚，就尽量选择足够宽广足够大的平台。这与本人的实力相匹配，尽量抬一下脚尖儿，选择大一点的城市级别。

六、年轻人的首套房是否应该买

当我们说这个问题的时候，背后的逻辑是应不应该把这个钱用在别的地方，比如说买车、买股票、用来消费或投资其他。

现在大多数年轻人都喜欢先消费，从优先级上也是如此，但是笔者想提醒的是，年轻人应该勤俭持家，延迟消费。有的人会说："哎，我也想，但是我本来就没多少钱，收入也不高，我买不起房，今日挣钱今日消费。"乍一听也是非常有道理的。不过需要补充的是，满足了基本需求，尽量减少奢侈型消费。

多数人认为在工作生活的城市需要有一套房，无非就是哪一年买的事情，要权衡是否真的买不起，还要认真研究如何买房置业。笔者在参加工作多年后一直积蓄很少，但是咬着牙买了房后，发现日子还是可以过的，无非是在饭店的消费减少，娱乐项目减少。

不少年轻人往往在没有房子前，贷款也要买一部车，三年过去房价可能涨可能跌，但是车一定是贬值百分之三十以上的。并且车的养护持有成本也不低，算下来和一套二三线城市房子的月供差不多。

再说投资，绝大多数人的投资回报往往达不到上市公司的平均利润率。我们搜索一下三千多家上市公司的利润率，上市公司作为最优质的企业，除去金融企业，主流上市公司的利润率在5%～12%。我在市面上宣传高达15%～20%的投资回报，你信吗？笔者刚开始没有房的时候，也认为投资会改变命运，但是几乎都是血本无归。貌似每个人都可以踏上的门槛，其实是高不可攀。

我们通过这几个角度对比消费、买车和投资，相对来讲买房更为踏实，是实在的获得感，并且有房子住，不用考虑租房、搬家，甚至可以摆脱买个摆件儿都不方便的窘境。

我国仍处于城镇化快速推进阶段，稍微犹豫一下，三五年就过去了，又要被汹涌的人流挤得更远。抓住机会，不要总是盯着当前这点价格变动，占住你当下能选择的最好的资源，15年后，你会觉得是否买在最低点根本不重要，关键是买了。

七、年轻人的首套房应该在哪里买

一般来讲是三个区位，第一个是自己工作的位置，第二个是自己生活的位置，第三个是自己的家乡。

从原则上讲，哪个层次级别高，哪个机会发展大，哪个人口净流入，我们选择哪里。最好是与工作相关。如果工作只是暂时的短期借调，或者说只是权宜之计，那么就要踮踮脚，选择稍微高一级的城市。如果你现在是在县城工作，你希望后期在地级市生活，那就要在地级市买；如果你现在是在地级市工作，想在省会工作生活，那就要在省会买。换句话说，一定要和个人的长期规划强关联。这个长期，短则五到十年，长则十到二十年。首套房以自住为核心，兼顾保值增值，以孩子读书、家人生活、安心工作这样的角度作为出发点。房产投资风险较大，特别是还没有首套房的时候，更不要轻易去投资。选择自己喜欢的城市、区位、小区、户型、面积、楼层，加油吧！

八、年轻人为什么要买房置业

喜欢寄人篱下，还是喜欢大宅大院，您心里是有概念的。如果是异地工作生活，户口要落，父母、爱人的户口要落，孩子要读书、参加高考，是需要有房产的。如果没有房子、没有户籍，九年制义务教育会根据当地的招生数量就近入学，但是是否能选择离家近的学校存在不确定性。到了高考阶段，往往要回原籍。

房子从表面上看是钢筋水泥，实际上买的是房产证。因为有房产证，刚才上面说的才能够变成现实。当你有资金急需的时候，房产可以在银行抵押。办理信用贷款的时候，对待自有房产和租赁房是不一样的。最关键的是15年过后，今天看着值钱的车子、公司股票等，大概率会贬值。有人可能对企业的股票持有异议，一般来说，股票是七输二平一赢。你相信你是那10%的人群吗？换句话说，绝大多数人在里面不会获取超额利润的。买股票的如果比企业经营的利润都要高，那谁还做企业实体啊？大家都买股票好了。做企业的老板可都是人中龙凤、行业精英，自己做企业的利润率为5%～12%，买股票的利润能比这个还高吗？对于年轻人来讲，买房置业是权衡之后的最佳选择。

第二章　判断标准和参考物

第一节　物理属性

一、容积率

我相信很多人也像笔者一样，以为只要有了土地，房子想盖多高就盖多高。后来发现不是这样的，国家有相关的制度法律来约束，存在容积率这个概念。不仅我国如此，全球其他国家也是如此。

20世纪90年代，笔者年龄很小，在老家的农村，盖一层，盖两层，盖个厢房，盖个南屋，盖个饭棚，随心所欲的。在城市里可不是这样的。容积率简单来理解，就是建设多少平方米合法合规的房子，可以办理房产证。容积率等于地上总建筑面积与净用地面积的比率。

不同的容积率造成了不同的品质和体验感。一般来说，别墅一般是0.5～0.8，6层以下的电梯洋房往往在1左右，11层小高层住宅为1.5左右，18层高层住宅为2.2左右，32层住宅往往在2.5以上了。在农村，楼层越高，代表越有档次，身份越高。如果就只有一层，反倒被认为是经济实力一般。到了城市，正好相反，所在的小区和楼盘总层高越少，小区的品质越高。

容积率越高，代表同样的面积生活的人越多，相对来讲会更为拥挤，同时也更为热闹。人口密度相对越大的地方，商业越是便利，各种生活配套设施更为齐全。容积率越低，对应的商业配套越难发展，为什么？因为没有足够多的人口密度和人流量。典型的便是别墅区，往往开车方便到达，如果没有车是极其不方便的。因此高端楼盘或别墅区往往都有专门的家政服务人员，不管全职还是兼职，协助生活配套的完善。所以买房要注意容积率。

二、绿化率

绿化率与绿地率容易混淆，绿化率没有法律和法规依据，而政府的规范中用的是绿地率，是指绿化用地面积与总用地面积之比；绿化覆盖率是指绿化垂直投影面积之和与总用地面积的比率。这是两个不同的概念。

一般使用绿化率更为普遍，对于舒适感影响更直接。绿化率越高，相对来讲居住品质越高；绿化率越低，相对来居住讲品质就越低。同时也要考虑景观和树木的品质。要特别强调：绿化率越高，维护成本越高，物业费也越高。

像一些20世纪的老旧小区，往往都没有物业服务的概念，绿化率可能在10%以内，或者基本没有绿化，物业费很低廉，各有利弊。买房都喜欢买在公园旁边，溜遛弯，休闲放松，心情比较好。但如果你的小区本身设计的便是一个公园呢，那岂不是生活在公园里面？

三、日照时长

日照时长与楼的密度、楼的高度、楼间距、在南方北方不同的纬度等都有关系。根据2018年住房城乡建设部发布的《城市居住区规划设计标准》，大寒日日照时长不低于2小时，冬季日不低于1小时，如果是老年人居住的房屋，冬至日日照不低于2小时。相对来说日照时间越长越好，这是普遍心理。但是在有的城市，规定并不是非常严苛。

在北方，一般来讲，房子坐北朝南，讲究中正。在南方靠着大江大河的大都市，道路也并不像平原地区规范，往往都是依河依山而建，因此朝向并非坐北朝南，许多人对于方向也不敏感，只能说是河流向上的方向，河流向下的方向，等等。对于房子朝东朝南，朝西朝北，要求并不严苛。夏天，城市极其炎热，很可能全南户型并不好卖。这和缺少太阳的北方有较大的差异。

总体还是随行就市，能选择高楼层，不要选择低楼层，尽量选择中间楼层靠上。像北方城市，如果说一楼带花园，带地下室，另当别论。

四、平层、复式与别墅

如果外在配套都一样，面积在100平方米～150平方米，那么优先买平层。如果楼上面积有额外赠送或者露台，那复式也不错。其实最难判断的是楼上有赠送但是没有房产证，属于赠送，价格也要贵20%～40%。这个情况怎么办？要具体情况具体分析，看楼上的利用率。原则上，赠送的总是好的。

特别要提到一个顶楼，以前的建筑质量，顶楼容易漏雨、漏水，现在技术含量比较高、科技比较发达，如果是现浇的，漏雨的情况是比较少的。随着装配式建筑的推广，楼顶漏雨的可能性越来越低。在小城市顶楼不好卖，可能上面还要再送一层；在大城市，楼上送一层的情况也会有，可能是尖角，临时住或者储物还是非常棒的。但是这种房子很少很少，使用价值还是有的。

别墅与平层，我们先框定一下，都是同样面积，比如都是130平方米～200平方米这个范围的，一般选择平层。如果到了300平方米以上，一般是以别墅为主的。如果是三层的别墅，家里是安装电梯呢还是走楼梯呢？大多数人不喜欢在家里走太多的台阶，除非你特别喜欢。所以一般建议还是买大平层，更为敞亮、舒服。

有个场景，如果充电器在楼下，而你的卧室在楼上，可能都不想下去拿。如果平层的话可能截然不同，因为每上台阶或下台阶都是对内心小小的挑战。在养孩子的过程中，孩子小的时候爬台阶总是一块心事。

别墅赠送面积非常多，并且可能还带有院子，特别适合有老人和孩子的家庭，对应的装修成本很大——非富即贵，别墅平层随便选。市区的别墅极为少见，别墅一般都在郊区，大平层一般都在市区，如果是普通老百姓或者中产、金领，每天打卡上下班的，优先选择市区的平层，而非郊区的别墅。

购买别墅非常考验眼力。交通便捷、户型设计好、地段有规划、配套有潜力、价格划算的别墅才值得长期持有。好的别墅往往有以下特征：（1）成片别墅区，圈层氛围统一，配套成熟；（2）舒心的天际线，私密性好，场面感好；（3）花园有一定的面积，方正好用，有2个~3个车位；（4）户型格局好，北进门南花园，地上2层~3层，每层有卫生间。

希望我们能从多个角度来看待这个事情，别墅并没想象中那么好，平层没想象中那么差,一定要具体情况具体分析。其实非常关键的一个外在要素就是它的容积率，人口会不会过于密集或疏松。另外，现在很少批准别墅用地，有"限墅令"的存在。随着生育的放开，能买大面积不买小面积，不光有利于今天，更有利于未来。

五、老破小与老破大

老房子破房子，不管大小，一般只有在一线城市或者二线城市的好位置才有保值增值价值；在三四线城市，这些都是要被放弃掉的。因为在三四线城市，房价的绝对值差别不大、城市范围小，主要就是看物理属性，具体来说是物业、绿化、户型、层高、隔音、外立面等。

到了一二线大城市，不管老破大还是老破小，附属配套比较健全，所以物理硬件上的不足也可以被理解和接受。这些老旧房子往往有好的学校和交通便利性加持，所有才有价值。

到底是选择老破大还是选择老破小呢？如果户型都比较方正，从单价上讲，老破大可能比老破小单价还要低。资金够的情况下，要选择老破大；如果资金比较紧张，老破小也是不错的选择。但是要做好心理准备，你享受了便利，会失去居住的舒适感。但是如果两者没有交通便利和优质学校的加持，同样价位尽量选择郊区新房。综合权衡，从市场端来看，越来越多的老破旧房子遭到市场的歧视。

六、新房与二手房差异

简单来讲，新房一切都是新的，可能还是期房，二手房一切都是现成的，可能已经十年二十年，所以要具体区分一两年后交房的期房、即将交房的准现房，还是已经是现房，并且可以马上得到房产证的。二手房是三五年之内的二手房，还是有十年二十年历史的，都要具体分析。

从物理属性角度讲，一般来说，买二手房尽量控制在五年到十年之内的小区，所有的问题该暴露的都会暴露出来；二十年以上的，除非地段特别好，有优秀学校加持，价格比较低，否则在市场上并不受欢迎。房子是本身的物理属性加周边的配套，老小区物业一般都较差，没有现代化的物业服务，也没有人车分流，甚至没有足够的停车位，但是生活配套方便。

从居住体验感、增值角度、转手受欢迎角度讲，能买新房不买十年以上的二手房。从金融属性角度讲，二手房大概率存在评估不足的问题，需要多缴纳首付，一旦超过20年的房子，按揭贷款的总年限有限制。

一般来说，期房越往早买越便宜，越靠近现房越贵。期房会存在一定的风险，如建筑质量、装修质量、工期拖延等，现房、准现房风险就低很多。如果现房能立刻拿房产证，可能又是另外一番景象。如果买家是刚结婚或准备结婚的小年轻，一般来讲还是希望买新房，最好是马上交房的那种。农村人进城，也是希望买新房，有面子，买二手房心里总不是滋味。如果买的二手房没有住过，或者是毛坯房，心里好受一点，但是总是希望配套是成熟的，房子是新的。

针对不同人群，买哪种房子合适，是不同的选择。没有绝对的好与不好，只有更喜欢、更适合哪一个。如果已经在这里生活了多年，想给老人再买套房，那肯定是选择同一小区。老城区有新房的可能性越来越小，如果老房子装修不错，也节省了一笔开支。如果老房子脏乱差，那可能涉及重新装修。拆掉重新装修，那是一笔费用，也要综合考虑。二手房子的好处，是能即刻搬进来入住。因此因人而异，方方面面要考虑清楚。

从金融和保值增值角度讲，如果你买了二手房，人车分流，物业齐备，花草树木旺盛，有足够的停车位是没问题的。但是我们看到的大多数二手房，往往和现在的产品存在至少一个代际差。

房子不会住一辈子的，不同的时期需求不同，两口之家，三口、四口之家，孩子是否到了上学阶段，都是不同的需求。

大多数人买房的原因是50%自住加50%投资，或者100%投资。当住上10到15年后，一定涉及置换，置换时，房子的保值增值情况如何，必须要重视。

如果你告诉我，置业目的100%就是自住，不考虑投资，那建议你买回迁房或者商住，性价比最高（商业用地和工业用地严重供大于求，商住公寓供大于求）。

七、毛坯房与精装修房差异

有的年轻人为省心省事，喜欢精装修房；政府也在提倡精装修，利于大规模操作，减少反复施工，从水电到线路一次成型。但是现实中会存在捆绑销售，甚至加价的情况。有时候精装修的质量不是很乐观，一个小区都是一个模样，容易走错门。一些好品质、好口碑的开发商，提供的精装修是不错的。有一些企业的精装修也存在参差不齐的情况，其本质是企业的管理半径、管理深度和重视程度的区别，以及选择承包商和付款及时的区别。就好像西装既能量身定制，也有统一化标准。量身定制的价格往往都很高，有闲钱有闲暇时间的可以选择毛坯。

如果资金紧张，选择精装修更划算。因为装修款也可以低利率贷款二三十年期，若是毛坯房单独装修，从银行借款的种类是消费贷，一般是三五年的贷款周期，压力更大。买二手房的话，原则上喜欢精装修。这个也是要具体看价格的。如果是同样价格，肯定买精装修；价格有差别，那就要看差多少。如果人在异地，比较忙，又不懂装修，那么优先是买精装修。对装修比较懂，或者有特殊要求的，可以买毛坯。这是在有选择的情况下。如果没有选择，看好了房子（位置、户型、面积、配套、价格），不管精装修还是毛坯肯定都要了。

八、沙盘、样板间怎么看

总体上，优先选择全国性大开发商和国企开发商。大开发商有经验，甚至是经过多次迭代的套图，户型比较好；国企开发商以资产保值增值为首要任务，所以在设计户型时往往更谨慎。

沙盘，是按照一定比例调整后的模型，类似美颜相机中的自己。缩小家具的样子，放大客厅和餐厅；放大配套核心建筑的标识，缩小与核心建筑物的距离，感觉距离商场、学校、医院、地铁、公园很近；并且个别开发商为了促进销售和吸引顾客，把拟建的尚未公示的地铁、轻轨、高铁也标注上，起误导作用，这些标识，尽量过去现场看看，不能听一面之词。

样板间，核心目的是让你肾上腺激素分泌加快，为你做出购房决定添把火。你看到的所有的一切都是给你创造的幻觉，比如安装不上的门、尺寸缩小的床、永远亮灯的客厅、没有冰箱的厨房、没有垃圾桶的餐厅等。这一切都是为了"美好呈现"。

日常多体验或参观不同感受的房子，比如住不同的民宿体验一下，看看是否方便。户型图核心有以下几点：

（1）赠送面积多少，具体尺寸。笔者买过一套房子，140多平方米，是一层赠送花园的，销售人员讲花园面积只有二十几平方米。该小区一期有现房，我买的是二期的期房，我问一二期花园是不是一样的，销售顾问说是一样的。我就纳闷："怎么回事？一期花园四十多平方米，二期我的花园才二十多平方米，少很多，不正常呀。"因为是期房，还没有交房，不让进去看。在周末休息的时候，找个空隙，爬进围栏一探究竟，原来是我那一户花园被一个地下通道占据，原本是四十平方米的花园只剩一半。经过协商，从140多平方米置换到了150平方米，但是单价还有一定的优惠，算是因祸得福。

（2）户型是否方正，进深和开间是怎么样的。开间越大越好，朝阳的尺寸越大越好，比如客厅尽量在4米及以上，卧室尽量在3米及以上。

（3）客厅的窗户是怎么样的。是否有落地窗或者近似落地窗；卫生间是否带窗户，厨房是一定对外的窗户（而非内窗）。

最后，分享了这么多，完美的产品谁都喜欢，但是一分价钱一分货。贵有贵的道理，便宜有便宜的原因。

第二节　周边配套

一、高铁、地铁与公交车

高铁是城市间人口大规模流动的交通工具，建在远离市区的位置，城市发展的方向指引。不少城市围绕着高铁会建设高铁新城或者高铁板块，是为了商务的便利带来大量的人流、物流、信息流。

高铁出口会布局商业综合体、写字楼等，再往外才涉及住宅用地。高铁的建造成本与地形有关，平原地区建设成本相对来讲较低，像大山大河、翻山越岭、架桥穿隧，成本就高多了。据公开数据，全球范围内，高铁的盈利是非常少的（京沪高铁是为数不多的盈利高铁），大多数高铁仍然是入不敷出。

地铁是城市内部不同区域人口大规模流动的交通工具，它的兴建对城市的人流量、经济体量、财政负债率等都有严苛的要求。我们常常说，"地铁一响，黄金万两"。地铁在一个城市只有一两条线的时候，优势并不是很明显，但是一旦形成规模，优势便会被急剧放大，人流量会急剧增加。地铁交汇处，房价开挂时。两条地铁十字交汇之处，便是两股人脉和两股钱脉相融相交之地，新的经济中心形成，或宜居或宜商。

相比起高铁每公里1亿～2亿的造价，地铁的制造成本，根据施工环境、地质条件、拆迁建筑物等各种因素，差异较大，每公里在2亿到10亿不等。

地铁一般是一到两公里开设一个站点，市区人口密度越大，站点的距离越短。到了郊区可能三到六公里一个站点，人口密度降低，楼宇密度降低，商业活动降低。每一个地铁口都要占据不少的土地面积，关键是需要有足够好的规划和足够多的人口相配套。

老百姓往往是有了地铁再规划生活，而政府则是根据城市整体规划进而规划和修建地铁，这个周期可能是5年、10年或者20年。我们要有足够长的耐心去理解、去等待。未来的中心城市都要有综合立体式交通。

公交车是城市的福利，每年都要财政补贴。这对老百姓是实实在在的福利。到了三四五线城市，由于人流量、财政收入、城市面积等众多因素，车次和密度较大都市是少的，到了县域，公交车价格比大城市还要贵。

到了三四五线城市，私家车为何盛行？不是单纯结婚需要，而是公共交通不方便，线路少，时间间隔比较久，难以满足日常工作或生活需要。公共交通对于缓解交通拥堵有不可磨灭的贡献，公交车越多，城市越亲民。地铁（轻轨）和公交车是城市的骨架，支撑着城市的发展；码头、机场和高铁是城市的影响力和"触角"，决定着资源是否畅通无阻。

二、菜市场

一般三到五个小区就会有一个菜市场，如果是几万人的大社区，可能会有多个菜市场，要么是自发形成的，要么是政府规划的。

一旦住的人多了（几百户、千人规模），商贩自然而然就会形成，有人的地方往往就有集市。如果政府有所规划，更好；没有的话，也不必过于担心。正如常年有土有水的地方便有草有鱼一样。

三、 学区房（学位房）

教育不是去菜市场卖菜，好的教育必定是不便宜的。如果我们的孩子学得不够好，那么很可能是在学校的听课效果有问题。除了学生自身外，也与其他因素有关。几个要素相互制约，缺一不可：

（1）好的同学（好的氛围）；

（2）好的老师（好的引领者）；

（3）好的硬件（基础保障）；

（4）好的模式（好的教育理念）；

（5）好的家长（心平气和说话）；

（6）好的城市（好的经济和人文基础）。

现实中，有多少孩子受环境所限制！改变六要素中的任何两个，对于孩子都是逆袭。不是孩子学习不行，而是其他六项仍然存在改进空间。很多孩子是1+1+0+0+0+0+0=2；所谓的逆袭，不是1+0≠10，而是1+1+1+1+1+1+1=7。好学生和好家长是内在因素，同学、硬件、理念、老师、学校、城市是外在因素。

学区房重要吗？非常重要，是百姓跨越阶层最佳路径之一。学区房是房地产市场的衍生品，也是教育市场的衍生品。教育资源聚集，造成一些所谓的"好"的优质中小学，家长为了不让孩子输在起跑线上，购买学区房成为"接力跑"。学区房交易转让后，新业主上学的名额受到限制，比如某区域内的房产6年只有一个就近上学名额（同一个家庭的多个孩子不受此限制），称之为学区房，避免了学区房炒作。

"学区房"的概念之所以存在，是因为各中小学办学质量存在严重差异。重点学校的存在有其历史原因。在几十年前，政策催生了一批重点中小学，其在重点经费投入、办学条件、师资队伍、学生来源等方面占有绝对优势。随着经济的发展和城市规模的扩大，优质学校不断地在郊区开设分校或者联合办校，这种分校往往也是非常不错的。

大多学区是由于历史原因形成的。然而随着义务教育的普及，性格不同、特征不同、家庭受教育背景不同的孩子往往会在一个学校。另外由于教师资质的参差不齐，学校建设情况的参差不齐，政府相关部门进行了重点建设和调配。因此优质硬件、优质老师、优质学生的学区房应运而生。

具体落地过程中，每个城市是有差别的，有的城市是某几个小区与本片区某几个学校，通过电脑排号或者各种方式降低了精准匹配。学区房固然重要，古有"近朱者赤，近墨者黑"的说法，学区房只是影响孩子的因素之一，我们更关注的是，如何培养孩子听说读写、总结、反思的好习惯，如何培养对情绪的感知和控制能力，对于他的学习和成长，对他将来的人生更为关键。

学区房又分为两类，一类是居住体验优质的（户型、面积、配套），一种是房屋陈旧、面积小、体验较差，关键是看房价和资金实力。

关于买学区房有不同说法，一种说法，首套就要买学区房，一步到位，买优质体验感的学区房，可以居住；还有一种说法，第二套可以买学区房，买面积小的老学区房，可以上学，也方便租赁。

综上所述，笔者对于学区房持中立态度，只要所选择的学校不太差，便可以接受。如果经济条件允许，可以追求更好的学位房或者学区房。有一种比较励志的说法——把一些不是学区房的学校考成学区房。外来人口安家置业集中的片区，往往家长特别重视教育，家庭积极向上的氛围会影响下一代。如果学校是新建的名校分校，那么大概率会成为头部学区房。一些私立学校的教育质量和管理水准是有差异的，收费普遍较高，非普通百姓可以承担。

我目睹了一个学区房的崛起，我其中一套房子位于新城区，新建设的学校，新培养的老师，就读的大多是高收入外来人口的子女。开班第一年，区内各项成绩考试第一名，正向循环。附近一些家庭条件较好的学生陆陆续续过来上学。

随着限购的严重性，豪宅、优质学区房变得物以稀为贵，成为领涨的排头兵，在深圳、上海、北京得到重复验证，并且已经超过了我们的想象。从个例上讲，无法居住的面积达到一平方米十几万，甚至按照套来卖，俨然变成了投资品。

四、公园和体育馆

公园（体育馆）往往是一个城市或者一个片区的地标性建筑。不管是国内还是国外，公园附近的房价往往是最贵的。市区拥有公园（体育馆）的地方，往往都会有比较不错的配套设施，比如，大面积的停车场。便利的交通，美好的环境和天际线，附属大量的公共设施方便旁边居民使用。

公园（体育馆）有大有小，从几十亩到几百亩不等，是休闲娱乐放松比较好的地方，并且公园一般不会被拆除，还有可能扩建。不管如何，临近公共设施，不仅仅是美好的风景，更实实在在添加了便利。买房非常关键是买配套设施，地铁、学校兼备之外，重点考虑公园和体育场馆。

五、商业繁华度

出则繁华尽揽，入则静谧独享，闹中取静是最理想的。但是现实中这样的楼盘很少，出现便是顶级豪宅。不同的年龄阶段，需求不同。岁数偏大，可能喜欢安静一点，年轻人喜欢繁华、欢闹。

不少人的疑问是目前商业并不繁荣，这样的楼盘能不能买？笔者的回答是，如果靠近主城区，哪怕现在商业繁荣度不够，假以时日，五年八年也会逐渐繁华。当然，如果现在很繁华，过上十年八年未必仍然繁华。因为城市就好像一个企业、一个人一样，总有衰老的时候，总有下一代继承上一代的时候，总有推陈出新的时候，我们不能抱着旧有的观念不放。

我们最大的困惑是，新的商业繁荣度会在这里吗，这里又能繁华多少年呢。这存在时间和空间的博弈。一般来说，一二十万的外来人口完全撑得起一个商业配套齐全的综合体；一旦整个区域容纳下大几十万、上百万人口，会显现出更为复杂的商业业态。这都与城市规划有关系。商业综合体一般会靠近交通枢纽。

今天看到的荒凉并不代表以后会荒凉，也并不代表以后一定繁华。用发展的眼光看事物。如果现在入住居住，优先买商业即将成熟的地段。

第三节　城市配套

一、治安

在父辈的眼中，一个人去异地他乡工作，人生地不熟，很容易受到欺负。不仅仅是小区内部的、邻里的，还是工作上的、社会的。其实，现在是一个拎着背包就可以走天涯的美好时代，国内比国外还要安全。

随着工业化和城市化的演进，城市级别越高，治安情况越好，越是文明开放。因为经济越发达，收入越高，就业机会越多。经济与治安互为表里，可以满足人的多种需求，特别是科技的进步，各个城市的天网系统，国家各个城市高清摄像头的安装，"天网恢恢，疏而不漏。"现在的治安已不可与古时同日而语。

二、机场

随着航空工业的不断发展，机场也越来越普及，机场的选址和建设考虑长远，更为谨慎。以前的机场远离市区，交通不变，近些年和之前的规划差异较大，现在的机场比以前的投资更为巨大，规划更为长远，往往机场、高铁、地铁、公交车、长途汽车多维一体。以前机场的投资建设投入高、回报低，现在的机场不仅仅是物流和人流，更增加了产业加持，一些高新科技产品需要快速的流转流通，也会带动相关人才就业，引入配套生活设施，自然而然，航空新城便会建成。同时建成与此配套的交通设施，使之不再称为犄角旮旯，很大概率会成为繁华区域。

机场投入很高，成百上千亿，以北京大兴国际机场为例，创下多项世界之最，"民航部分投资达1167亿元（人民币，下同），带动交通等市政配套投资达3000多亿元，总投资达到了4500亿元"。任何机构，不管是政府还是私人机构，都希望单项投资的长尾效应，后续服务、后续盈利、后续利用空间越来越多。

新一代机场的建设都是产业相结合，周边的土地进行统筹安排利用。传统概念中，买房大部分都是不喜欢高铁站，不喜欢机场。因为那往往代表偏远落后，没有配套。现在不同，那代表着人流、物流、信息流、产业流和资金流。机场区域也并不是一定不能买。每个城市的机场又不一样，选择机场附近，一定要有长远的考量，绝对不能短视，绝对不能想着朝发夕至。

三、教育水准

周边配套我们讲到了学区房，城市配套要讲教育水准。城市之间差别大，不同省差别更大，如果用指标来形容，便是高中升学率、专科升学率和本科升学率（细化到985大学、211大学升学率）。教育在促进社会稳定方面功不可没。

除了看升学率，还要看每年多少人才回流。很多小城市的毕业生一旦本科、研究生毕业就不会回来，而在大城市，异地他乡的本科生、研究生蜂拥而至。优秀的孩子，往往有优秀的家长。

笔者问身边的这些毕业于顶级学府的同事，他们几乎都没有参加过补习班。老师在课上讲，认真听，仔细听，做好记录，及时复习就可以了。

补习班能够提高学习信息密度和信息质量，但大多数效果是有限的。

作为家长更重要的是给孩子一个健康的体魄、健康的心理和一个愿意读书、愿意思考的习惯。这比单纯重视比拼成绩还重要。不管城市如何，知识量、知识密度以及形成的知识结构，是对孩子最基本的要求。好的老师会从不同的角度引导孩子进行更多的思考和探索、记忆和理解。

四、医疗水准

评价医疗水准有很多判断维度，最简单的是看有多少家三甲医院，有多少全国知名的专家和专业科室。医疗是我们人生中非常关键的一个保健因素，好的医疗免去我们很多后顾之忧。若我们不幸患上疑难杂症，不用去外地，在本城市就可以快速解决，也是不幸中的万幸、社会的福利。

所有的新型、大型的医疗机构建设都要得到政府的批准，并不像开个商店一样手续简单。并且我们的综合医院是公益性质的，属于国家强管控的。

全球范围内人口寿命最高的区域，并不是远离人间繁华的乡村野外、荒山野岭、自然保护区，而是超级繁华的大都市，因为这里有最好的医疗和最完善的调养。

五、就业机会

就业机会和收入往往是我们来一个城市漂泊打拼最为核心的关键。笔者曾经对比过某一线城市和某二线城市就业体验的差异，比如收入翻一倍，就业机会会增加两倍以上；团队领导水准高50%以上，下属的敬业程度高50%以上。所以算来算去，进入高一阶城市的性价比要达到五倍及以上，但是交通时间可能要增加一倍以上。原本二线城市上下班往返一个半小时，在北京可能上下班要3小时左右。以上多维度推算，与家庭地址有关，与行业有关，与岗位有关。可能并不一定适合任何行业和任何人的感受，只是作为一个参考。

成年人的世界里没有"既要""又要""还要"，总要有所放弃。高收入群体，一线城市机会的数量明显高过二线城市。

具体到我们的感受，企业的总部往往都会在一线城市，到了二三线城市可能都是分部或分公司。分公司职业发展的最高上限可能就是城市总经理，对于一线城市来讲，可能只是一个企业中层。

北京和上海的人才吸引政策，具有鲜明主线、准入门槛高，聚焦以下三类重点人才的招揽：行业顶级精英、创新及高新科技人才、外籍人才及海外人才回流。一线城市职业发展天花板更高。

聚焦到个人，如果所选的行业处于下降期，多倍努力，未必能有相应的成绩，出现的状况可能是加班增多，压力增大，困难增多，考核加大。此时，应合理客观地认识局限性。

个人的选择，如果上班，尽量选择大公司的主赛道或者大公司的次赛道。大江大湖大海才可能有大鱼，切莫池塘里钓大鱼。自然就会一份付出，一份回报。简单的事情重复做，或许可以做到退休。如果创业，往往是概率事件，比如大公司的孵化项目、行业灵魂人物的孵化项目，有多倍付出少量回报，或者一条线被撤掉的风险。与创始团队荣辱与共，企业的成功往往存在"幸存者偏差"。如果你是风险偏好者，尽情追求创业的刺激快乐；如果你是风险厌恶者，尽快享受"岁月静好，红尘无忧"。

六、商圈差异

商圈差异是在商业繁荣度等更宽广的视野上看商业。商圈的繁华或衰败，因城市发展方向而异，因风土人情而异，因城市扩张速度而异。二十年前繁华的商圈，今天依旧繁华，比如上海徐家汇、北京国贸。但是有一些随着城市变迁、新新人口迁移，已经老化了。不少城市都有这样的案例，想想你所在的老城区、老街道、老商圈在选择买入、持有和卖出商铺时的底层逻辑。

我们看商圈，要看商业、办公土地的规划比例和交通规划。商圈是可以规划形成的。根据定位，一般分为城市级的核心商圈、区县级商圈（也叫城市多中心发展）、街道级的商圈。对应着不同的体量，入驻商家遴选标准。但是哪怕是街道级的商圈，老百姓的日常消费都可以得到满足了。

七、城市级别

正如企业选址要素，城市级别越高往往代表着容纳和虹吸的资源越多，可以繁育更复杂的商业文明。我们世俗一些：最精品的水果、最精品的食物、最特别的奢侈品一定是在最高级别的城市出现。人才、房产、经济、文明程度更是如此。城市级别越高，越是能够包容万象；城市级别越低，越是经济单一，思维意识单一，选择单一。

先富的人，会优先被吸引到更高一级的城市，享受更高的薪水、更好的福利待遇及配套。逐渐地，低阶城市往往为高阶城市提供各种资源。所以我们在弄清楚事情的真相之后，有所选择。

作为个人来讲，选择与自己的能力、性格、行业、爱好、生活方式相匹配的，往往更为合适。同时不要忘记，人往高处走，水往低处流。哪怕我们这一代不前往大城市，下一代仍然要走这条路。

凡是房价高的，一定是以消费型为主的城市，不是以生产型为主的城市。对城市的评价是有共识的，比如直辖市（北京、上海、天津和重庆）、副省级和计划单列市，以及各个城市的省会城市，这三十多个城市，是中国最好的城市。也有个别被忽视的城市，比如苏州，既不是副省级又不是计划单列市，还不是省会，但是经济总量、知名度、口碑远超大部分省会城市。

　　还有其他分类方式，比如GDP总量排序、人均GDP、上市公司市值、高薪岗位招募数量等多种方式。我国人口十几亿，可以容纳下十几个超级大都市。一般来讲，选择所在省的省会城市或计划单列市，是比较稳健的选择。

八、关于"鬼城"

　　"鬼城"单纯听名字感觉毛骨悚然，往往是媒体用语，用于引起读者（听众）的关注。"听鼓听声，听话听音"。真正表达的意思是街道上人口稀少，住宅大量闲置，商业衰落。政府规划的楼宇以及配套的基础建设，比如地铁、高铁甚至商业，并没有形成足够的人气。

　　这要一分为二地看。一种情况是，鬼城是阶段性的，过去三年五年、十年八年，鬼城可能变成最繁华、最富裕、最贵的地方。因为随着产业和人口的流入，它会形成正向循环。政府只是前期做了非常重要的基础建设和搭桥引线，人们的主观能动性改变了区域。

　　那么还有一种情况，鬼城可能永远是鬼城，永远也不会被填满。这属于规划的失误。那这其中的关键就是城界级别，是否有足够多的人口净流入、足够高质量的基础建设，做好招商引资，就会让沧海变桑田，鬼城变繁华富裕之地。

　　哪怕这个地方不是鬼城，是繁华富裕之地，但是随着资源的枯竭，人口的流失，最后也可能成为鬼城。有些矿产资源型的小城市，已经如此演变。希望帮大家建立立体的判断标准和参考物，不再人云亦云，有独立思考能力。

CHAPTER **3**

第三章　买什么

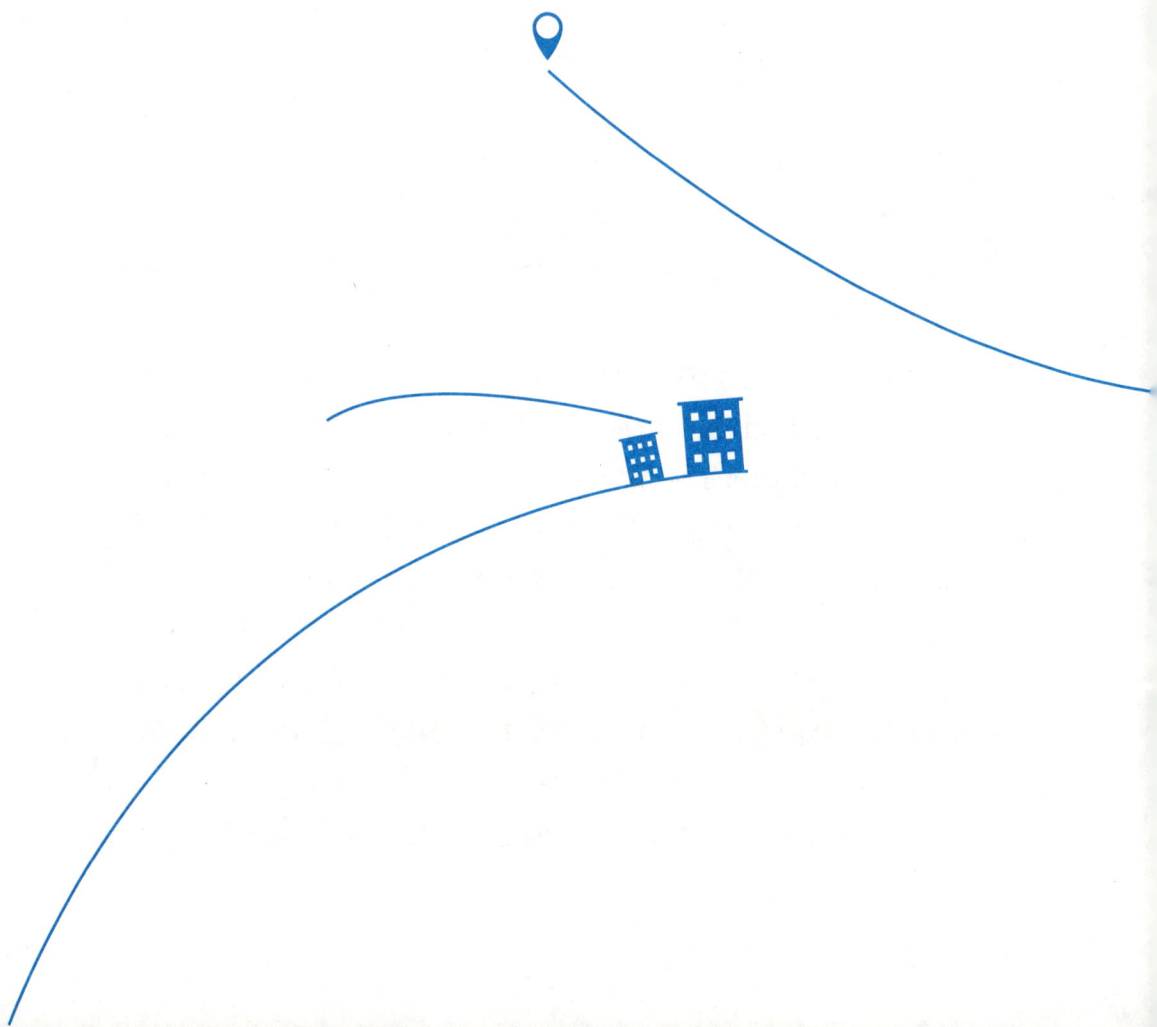

第一节　物理属性

一、买什么楼层

买什么楼层？我们一般讲的是买洋房、小高层、高层这样的概念，买别墅是不会涉及买什么楼层这样的概念的（当然也会有上叠、中叠、下叠，这比较小众）。要具体情况具体分析。二三十层的高层买什么楼层？一般来讲，针对新房，开发商的定价策略是越高越贵，有个词儿叫"高贵"。对于大多数人，适合选择中等及中等偏上的楼层，性价比最高，采光、视野、空气和噪音均衡。

关于顶层和一层，常规的楼市专家和自媒体往往讲不能买，这并不是标准答案，其实要看情况而定的。在南方和北方，甚至不同城市，也是有差别的。比如北京的部分高端楼盘，顶楼可能是最贵的，因为上面没有人"踩着"，视野更好，更安静，有部分消费群体比较看重；东北地区，可能顶楼最便宜，为什么呢？因为天冷，冬天的暖气效果可能会受限，甚至在很多城市，顶楼并不是最受欢迎的，可能还涉及漏雨、太阳暴晒等问题。

任何楼座都有一楼和顶楼，普遍是受到歧视的，为了对冲和规避，有的顶楼有特殊性的考量和设计，比如，顶楼送露台，顶楼部分区位层高6米，可以做隔层，有的顶楼送尖角或平顶阁楼等，又使得价格和价值评估发生了些许变化。笔者有套房产，买的是顶层五层，送单独的六层。六层以平层为主，不计入房产证面积，而只比三楼单价高几百元，总价高几万元而已。不管是自主还是改善，都是不可多得的好房子。有套房产，顶楼房产证面积是199平方米，仅比三楼100平方米价格贵15%，我相信您也会认为性价比非常高。如若不是年过70岁的老人居住，对于绝大多人都是值得拥有的。在这里我特别强调，越是中小城市，针对顶楼越是价格歧视，越是受到打压；越是大都市，房价高昂，顶楼与黄金楼层的百分比价差越小。

针对新房，也要看开发商的定价规则，是否有明显的价格差异；针对二手房，是否有明显的"套利"空间，是否性价比更好。如果低于均价20%，不管是自主角度，还是后续增值角度，往往是值得拥有的；如果低于均价5%，就看个人喜好了。

如果是六层的带电梯的洋房，也是一样，越高越好。但是洋房小区，整体的容积率并不是很高，密度没那么大。如果一楼带院儿，那也是很不错的选择。比如某个楼盘黄金楼层普遍在2万元/平方米，但是一楼带花园，只有2万元/平方米，在北方往往是抢手货，特别是家里有老人和孩子的，称之为接地气。如果在长江流域或长江以南，低于三层以下的可能都会存在着潮湿和蚊虫的问题，提前做好权衡。

一楼也是差异巨大的。有的一楼是直接和地面相平的；有的是提高一米两米的；也有的一楼是悬空的；也有的一楼带花园，花园有大有小。另外，有的楼宇地下还有一层或两层的地下室作为储物间或者停车库等。

一楼带花园的一定好过不带花园的，一楼带花园可能是整栋楼最贵的，不带花园的一楼可能是全楼最便宜的。底层悬空的一楼一定比提高一两米的一楼要好，更好过与地面相平的一楼。

具体到个人，每个人情况不同，从原则上讲能买高的不买低的，也要考虑每个人购买力的受限，落地为首付金额和月供金额。我们要注意的细节是楼间差价，比如说每差一层是差50元/平方米还是200元/平方米，最后一定与你的经济情况是相辅相成的。如果是二手房，我们会在低价房中选择最喜欢的，符合人之常情，也最为划算。

另外，有人可能会对数字比较敏感，有人可能认为七是幸运数字，有人认为十三是幸运数字，每个人还有不同的想法，从科学的角度来讲无法一概而论。但总体来讲，首先要买你喜欢的，第二是你能承受得起的，第三是越高相对来讲越好。但是太高的楼层，它的消防又容易存在一定的隐患。

换句话说，凡事都有利弊，综合考量，从性价比的角度来讲，尽量买中间楼层，各方面都能够兼具，有一定的视野，有一定的采光、通风，也有一定的安全。

二、买什么户型

买什么户型？泛泛来讲，人是向阳的动物，都追求阳光明媚、万里无云。我们身体所需的维生素D，其形成需要阳光紫外线对皮肤的照射。我们希望卧室和阳台都朝阳，并且面宽越大越好。如果都是三室两厅的房子，肯定是三个卧室朝南比两个卧室朝南要好，两个卧室朝南比一个卧室朝南要好。

基本的要求，尽量不要门直对门，特别是进门直对着卫生间的门，或者两个卧室的门直冲，这是不好的。整个户型的轮廓最好方方正正。另外，南北通透肯定比全阳户型要好，因为空气流通好，避免空气混浊。东户要比西户好，边户要比中间户好。我们谈论户型的好坏，是在外在众多因素一样的情况下，但是往往户型越好，代表它的价格越贵。换句话说，你愿意为好的户型多溢价、多付出多少呢？这也是我们在购置房产中需要考量的要素点之一。我们都知道什么是好，也都知道什么是美。囊中是否羞涩，这是至关重要的。

有位购房者讲，到了售楼处，才发现具体哪个学校、考试成绩、证书和奖杯统统不重要，最重要的是首付够不够，贷款能否还得起。所有的荣耀都属于过去。到了售楼处，才是真正的"成人礼"，放弃虚幻，回归现实。

新房已经按照当地风土人情和市场进行了初步定价，要看是否有套利空间。其一是同一个小区不同户型的对比，看价格差异；其二是本地段商圈内，相似容积率和定位的楼盘不同户型之间价格差异的对比。最后选择适合自己的。

三、买多大面积合适

当谈到这个问题的时候，首先有几个约束条件：第一个是我们手上的资金有限，经济基础决定上层建筑；第二个是我们的贷款金额和贷款名额有限，正所谓"限贷"；第三个是我们的过户交易名额有限，即所谓的"限购"。人口净流入较多的热点城市，在一定的特殊阶段，往往都存在一定"限购"的行政措施。这三个原因决定着购房面积的大小和数量的多少。

基于以上限制，给出简单的忠告：能买大的不买小的，能多贷款就多贷款。因为这是人生中为数不多的、可以贷长达二三十年从银行获取的低息借款。除此之外再无机会。另外人会衰老，房子也会衰老，商圈地段也会衰老，一套房子一般居住15年～20年，往往会有更换的冲动和需求，一旦经济条件好了，会选择更适合自己的商圈和地段，不管是工作需要，还是孩子读书、环境需要。所以说我们今天的房产选择置业也要考虑十年、二十年后社会大众的发展需求，提前进行"卡位"。我们在进行置换的时候，今天的房产更有价值，更受欢迎，更是抢手货。

买多大面积合适呢？现在放开二孩生育已经过去了几年，越是小城镇或者农村长大的年轻人生育率相对越高，那么忠告便是：能买三卧室不买两卧室，能买四卧室不买三卧室。有时候陪年轻夫妻去看房，会谈到一句话——万一是双胞胎呢，万一是龙凤胎呢？老家的父母来照顾，两个卧室实在是太过于"蜗居"了。如果经济条件足够的话，尽量买大平层四卧，面积尽量在140平方米～200平方米（二三线城市）或者100平方米～160平方米（一线城市）；如果经济条件较为拮据，城市级别较高，预期三代人居住，也要88平方米以上的三卧或四卧。三代人共同生活，尽量买两个卫生间，会便捷很多。

当然，面积也与城市级别和地位有关，如果在最高级别的城市（一线城市），可能70平方米～100平方米也算是比较不错的选择：首付已经过百万，对于刚参加工作的年轻人来说，可能需要家庭六个钱包的支持。

同样价格的房子，可以买市区的小面积或者近郊的大面积，选择哪一种呢？前者学区、地铁、医院等公共配套完善，后者配套在逐渐完善过程中，学校、医院在建设过程中。从居住的角度讲，肯定是面积越大越好。如果是农村人进城，相比起来近郊更受欢迎，人少空旷；如果是从小城镇到大都市，相比起来市区小面积更能接受，繁华方便。有路径依赖的缘由。

在这里有个预测：国内一二线城市买房，80平方米～100平方米较适宜自住和置换；5年～10年后，110平方米以上的房源均价可能要高于100平方米以下的，因为刚需改善的需求汹涌澎湃。

四、买二手房注意事项

"七不签"、"五不要"：

没确定购房资格不签；

不见产证不签；

不做产调不签；

没有费用明细不签；

没有审核贷款不签；

不见到夫妻双方不签（除非离异、丧偶）；

评估金额低于市场价格的尽量不签；

房间少、大面积的不要；

同板块增值差的不要；

附近有高压线的不要；

靠近变电站和铁路的不要；
附近有厌恶设施的不要。

需要明确：
学籍是否被占用；
户口多久能迁出；
业主无高额负债；
查业主是否有诉讼在身。

最基本的是：
好地段、房龄新、朝向好；
热点区域、流通性好；
最基本的人车分流；
周边配套齐全；
70年住宅产权。

第二节　城市区位选择

一、城区与郊区

买城区还是郊区？最简单的判断：有钱买城区，买市中心，因为能享受人间繁华；如果钱不多，那就买城区边缘（可能十年前属于近郊，现在已经市区化了）；如果钱再少，那就买郊区吧。这是常规的认识和选择。

大多数人钱不太多，相对来讲就是在城区只能买小面积，到了郊区可以买大面积。在城区买高容积率，到了郊区买低容积率的大房子。如果是上班族，从自住的角度讲，尽量买便利的。上班方便程度往往和居住宽敞程度成反比。但如果郊区的企业越来越多，可能又是另外一番景象：可能选择买郊区比买城区还要好。也要看所在城市企业的布局。

现在越来越多的好企业搬迁至外围，比如，北京的五环外（北京五环和上海外环轮廓几乎一样大）。不管是北京还是上海，我们能看出有这样的趋势：北京传统的工作聚集地国贸、中关村，特别是成千上万人的大公司，现在已经扩展到五环及五环外的望京、西二旗、亦庄、丰台科技园等地。

现在是市场经济，往往不在一家企业工作一辈子；哪怕工作一辈子，也会存在企业搬迁的状况。沧海桑田，老城区可能已经破旧不堪。新发展十年二十年的城区已经傲视群雄，有地铁，有学校，有商业，有医疗机构，有公园等，一应俱全。如果新城区配套不完善，也要具体到建设进度和规划。规划会改，建设会停滞和延期。这些存在一定的不确定性，所以也要结合政府的财政状况来考量。

老城区里面也有一些板块可以持续辉煌的，但是大多具有不确定性。因为现在越来越多的政府在经营城市，也会权衡财政投入效益产出比。随着人口大量往郊区发展，一些郊区的核心商圈会逐渐形成完善，到达巅峰，甚至郊区的商场配套比市中心还要先进、科学。新城发展模式，是沿着老城一圈圈扩出去，距离老城近的较易成功，要看过往这五年平均人口净流入量。因此，城乡接合部是沧海变桑田的最佳位置、增值选址的关键。

看一个板块是否会发生质变，最重要的观测指标是其是否被城市包进去。所以研究规划和行政管理者至关重要，风险是有的。

综上所述，一人一议，一城一议。如果你从小就在农村长大，住郊区可能有更强的熟悉感；如果你以前就是生活在小城市市区，那么对于郊区可能会内心产生排斥；还得看你的经济状况，近期和长远综合权衡，有的三四线城市摊子铺得很大，基础建设并不是很好，这种也有可能郊区永远是郊区。正如世界上没有相同的树叶，世界上也没有相同的郊区。简单的分析不足以支撑郊区购买的确定性，还要具体到配套、交通、楼层、户型价格等众多要素，而这其中最关键的是你现在有多少资金，向往什么样的生活方式。

房价涨跌，总体上涨得多跌得多，涨得少跌得少。遇到调控：郊区跌得多，核心区跌得少；豪华盘跌得多，刚需盘跌得少；非热点城市跌得多，热点城市跌得少；配套不完善的跌得多，配套完善的跌得少。总之，人少的跌得多，人多的跌得少。

二、旅游地产

"旅游地产"这个词本身是一个宽泛的概念。一般来讲，远离一二线城市，在三四线城市以旅游为主业，几乎没有任何其他产业的地产，称为旅游地产。

我们仔细想来，任何一线城市、二线城市的房产都带有旅游属性，因为"旅游"是大旅游的概念，它涉及酒店、景区、交通工具等，所以常规旅游地产大概率说的是旅游景区地产。这样定义就非常明确了。

我们知道房产的价值一定是基于各种属性的，单就房子来讲，绝非钢筋混凝土，配套才是关键，配套一定是在一个坐标系统中的，坐标系统越丰富，价值越大。坐标包括飞机场、高铁、地铁、教育、商圈、人口、产业、医疗等，这些都是基本的标签和维度。旅游是其中一个IP和维度。任何高价值的房产，一定有旅游地产的属性，同时还有别的属性，属性越多价值多大。通过这个解读，价值多少就清晰了。

旅游地产常常是第二居所，比如大都市有房子，候鸟式的或冬天或夏天居住，或者养老，并且养老地产的一个分支便是与环境优美的旅游地产结合。前些年有"以房养老"的说法。其实针对个别家庭，卖掉大都市的老旧房子，置换到他乡，安度晚年，也是一种人生选择。多少大都市的人，没有住过超过90平方米的房子，特别是尚未拆迁改造的老旧楼的居民，不是每个家庭都能置换到新房的；多少大都市的人，没有住过开窗便是美景的房子，开窗出门便是"江河湖海"，便是"小桥流水"，便是"崇山峻岭"，便是"山清水秀"。总有一款景色让你欢喜。

古有杜甫"朱门酒肉臭，路有冻死骨"的诗词，时至今日，我国已不可同日而语，已全面脱贫，在奔向整体富裕的康庄大道上。具体到每个家庭，经济条件仍然是有不同，有的家庭买10万元的轿车已经是竭尽积蓄，有的家庭买30万元轿车仅是代步或买菜。而这些车再经过五年八年价值剩余还有多少，再过去二十年，剩余价值能有多少？如果有一套第二居的旅游房产，夏季避暑冬天晒太阳，从使用时长和体验感上往往比一部车更有价值。当然，具体到某一套具体的房产，又是仁者见仁智者见智。底层逻辑是每个人的基础经济条件、精力分配、家庭结构不同导致的。

三、商铺购买投资

在判断商铺的时候，强调地段再怎么重要也不为过，与地段同样重要的是商家的运营能力；商铺分类很多，一般是临街商铺，一类是百货商场商铺。不少自媒体强调商铺尽量不要投资，其实商铺不是不可以投资，而是影响因素超级多，比住宅还要多。

针对临街商铺，单纯说地段，门口是双向两车道，还是四车道、快车道、慢车道，有不同的影响。马路中间、马路边上是否有护栏，是否有公共停车位，展示面如何，都有影响。进深多少，面宽多少，层高多少，又有差异。是一层带二层，还是一层带二层三层，与住宅的价格差异有多少，都要统统考量。

购买时机，是人流量较大时再购买，还是附近小区刚交房便入手。如果是自用，那就要根据生意需要和价格、资金实力权衡；如果是投资，那么就要谨慎再谨慎，如果购买时一切良好，而过了几个月马路边、马路中间加护栏，会使得开车掉头及穿越马路的人流量大大降低，自然影响生意和租金。

针对百货商场商铺，第三方运营商家的运营能力极为关键，如果是各个小业主自持经营，无统一招商，无统一运营管理，必然无统一规划，严重影响顾客体验感和品质。

随着电商的崛起，商铺的选择严苛程度又增加了。每个城市从供应量上讲，商业用地往往是供大于求，曾经的"一铺养三代"，也要谨慎谨慎再谨慎了。不过仍然有资金实力者，除了选择购买保险理财产品，往往也会选择给孩子留商铺作为基本盘，百年之后，仍然带给子女相对稳定的现金流，不求大富大贵，但求衣食无忧，无非租金高低罢了。商铺是可以看得见摸得着的，刚才提到的保险产品，以及各类理财、基金、股票，甚至股权投资，是看不见摸不着的，更多依靠想象力构建价值场景，更多从过往历史的数据中推测未来的演化。

实体与虚拟，现实与想象，在于你的权衡。

四、买二线还是买一线城市周边

原来在三四线城市甚至农村生活，是选择在所在的省会购房，还是在工作的一线城市周边购房？

如果收入并不是很高，或者是夫妻双方净剩余并不是很多，买一线城市的房子有压力，说白了就是买不起。到了特定阶段，比如结婚、生孩子、孩子上学这三个节点，往往是要做购房决定的时刻，那么你可能买一线城市周边或者二线城市的房子，从就业、人文氛围、生活环境、政府办事效率等众多因素考虑，老家是回不去的。

我听过不少案例，也有一些回老家花费30万～50万建别墅，耗尽了在一线周边或二线安家置业的首付资金，在别墅建成后的几个月内门庭若市，到达人生巅峰，但是没有了经济来源，无奈又回到大都市租房打工，别墅就放在老家了，院子里杂草疯长。

二线或者一线周边城市这两个选择，不仅仅是看今天的选择，更多是未来看今天的决定。计划五年十年后要回二线城市，还是想着尽量要在一线城市安营扎寨（卖掉一线周边，买入一线城市房产），让下一代踩着上一辈的肩膀，更好更方便地融入一线城市的教育圈、交往圈、朋友圈，是源于这样的一个底层思考。

如果老家的级别很低，比如远离大都市的农村，没有什么值得留念的。可能一线城市周边会是不错的选择，乡土人情，消费低，生活安逸，一线城市工作赚钱，三线城镇（一线城市周边）安家生活。医疗、教育、人文相对省会来讲差一点，但是医疗可以有近在咫尺的一线城市供选择；也有优点，人口密度可能要小一点，小城镇的闲情逸致感受很强烈。

比如，笔者从小是在农村长大的，对一线城市周边（一线城市主要是指北京、上海、广州、深圳，这4个具有典型人口和产业外溢的城市，以北京为例：北京六环外和北京六环内是不一样的城市基础建设和人口密度，北京周边主要是指距离天安门80公里，高铁/地铁30分钟之内到达的地方，比如燕郊、大厂、香河、廊坊市区、永清、固安、涿州、下花园等地方。）有很熟悉的感觉，感觉和老家差别没那么大，那去了省会呢，可能感觉这是大都市了。另外呢，还有一个关键因素，要看价格，尽量买长期工作和生活的地方。如果你从心底上还是喜欢相对安静的、安逸的生活方式，在一线城市只是年轻时的工作，过五年十年，后续还是要回老家的，乡土乡情人情都熟悉，那么建议回省会买房置业，那也是一种不错的选择。省会城市有很多优点，学校会非常好，医疗、治安都会非常不错。唯一的缺点，就是距离你工作的地方有些远（一线城市工作），并且可能两地分居。

很现实的问题就是，在一线城市工作的时候，如果周边没有房子，要么就是家庭分居，要么就是忍受高昂的房租。一家三代老小能够在一起享受家庭的快乐，总是要有所舍弃的，这是我们必须面对和抉择的。一般来讲，距离一线城市最核心位置在60公里以内，是辐射范围，不管是高铁、城际或者自驾，往往都是可以通达的；如果超过100公里，通勤能力会降低。

我现实听到的，买一线周边城市的群体会讲："我在一线城市收入一万多，我回老家可能连五千都赚不到，因为没有这样的工作类型，失业的概率会很大。"买二线城市的伙伴会说："在一线城市我找不到亲情，找不到友情，找不到温暖，我回到老家的省会，觉得这才是应该待的地方。"正所谓"婆说婆有理，公说公有理。"有一种建议：如果您是稳健型的，同时年龄偏大，优先选择二线城市核心区；如果您是年轻人，"小赌怡情"，可以选择一线城市周边。

以上，我们只要清楚地认识到选择二线城市和一线城市周边的差别，经济、政治、人文、居住属性、通勤属性，充分了解这些差别，做起选择来虽然会有纠结，但是有助于快速做决定。

五、买省会还是买县城

买省会还是买老家所在的县城，这个问题和买二线还是买一线城市周边也很相似的问题。笔者在上海也问过一些待了一二十年的，一直没买房的朋友，他一直以为工作八年十年就要回老家的，但是没想到一直在这儿待了下来。他认识的人中有一些早买房的，人生际遇和他现在截然不同。

关于买省会还是买县城，其实说的问题也是买省会相对偏的郊区，还是买老家所在的县城。那么正如和刚才讲的话题相似的分析，首先，您是希望下一代融入更好的圈层，还是希望下一代像您一样重新再来省会打拼呢？第二个，所有的大城市也是五百万人口起步，在省会哪怕房子比较偏远，但是人口整体是净流入的，道路会继续修建，配套会继续完善，只有大城市才有房地产，只有大城市才有二手房的交易买卖。大多数县城，人口整体是净流出的，县城的二手房，犹如荒山里的石头，流通成本太高，没有人接收。小县城往往是没有二手房交易的。

很多读者朋友可能会觉得县城安逸舒服。这话没错，也是对应的那句话：人往高处走，能买省会不买县城，能安家县城不能回农村。龙生九子，各有不同。人与人的差异巨大，有的人愿意接受适度的挑战和压力，渴望突破，在未知陌生的疆域里驰骋；有的人喜欢安逸，喜欢循规蹈矩，喜欢按部就班，与人的性格、成长背景、追求都有相关。一句话，能买省会就成了省会的人了，哪怕买的省会地方稍微有点偏也还好，下一代会感谢你的。

六、本城市跨城市的争辩

从原则上讲，我们买房优先是在买自己工作生活的地方，尽量不要在不熟悉的其他城市买房，因为"过江龙"功力减半，难压"地头蛇"。对于城市的了解，具体到板块、商圈、小区的了解，包括后期的装修、租赁，对市场行情动态的了解，非一日之功。

工作和生活的城市，是你的主场。一般来讲，生活的城市和工作的城市，哪个城市等级级别高，我们在哪个城市优先购买，如果都不低，可以考虑买两套。如果有先后顺序，建议优先从自己工作的城市买房，因为有产业；其次是从自己生活的城市买房。有个别工作的城市属于资源型的城市，或者是翻山越岭的小城市，或者是国家特殊的机关部门，那就另当别论。

经常有粉丝朋友问，一个城市的两个板块哪个好？我的回复是，我们只是买入一两套房，研究城市的板块发展意义不大。一定是聚焦到商圈、配套、楼盘、户型面积和价格，不谈价格只谈产品就是掩耳盗铃。而作为主角的你，内心要建起这杆秤。

七、选择国内国外的争辩

先问一个问题，您认为国外的月亮比国内圆吗？第二个，您在国外生活工作比在国内多吗？第三，你长久发展是在国外吗？如果三个都是的话，那么国外是第一选择；如果有两个及以上不是，那么你优先考虑国内。

我们是有十四亿多人口的超级大国，比欧盟人口还多。因为祖国幅员辽阔，只是跨省跨区域的两个城市或者楼盘，在国外相同的距离，可能就属于跨国了。关键是国外的法律体系不同，法律不同，语言不通，交通甚至都没有国内方便，交易支付、物流也没有中国发达，生活便利程度没有中国好。

如果投资中小国家，那么政治、战争因素都要考虑。对于绝大多数人来讲，国内属于基本盘，基本盘是否稳健。稳健了之后，才考虑水满则溢，才可以考虑跨国。对于高净值人群是可以如此选择，国外当作第二居所，或者国内当作第二居所，给家庭更多的选择。但是法律、税费、政策、产业、经济增速、人口净流入等众多原因都要考量。对于有刚需的普通老百姓来讲，不要冒这个风险。

八、农村自建房与城市置业差异

随着科学技术的进步，逐渐地从农业社会过渡到工业社会。发展演变的过程中，是存在着优先级的，科技发展触达的区域优先进行工业化，总会有一些地方优先进行城市化。截止到2020年末，中国的常住人口城镇化率已经超过60%（户籍人口城镇化率为45.4%），但是还有很多人在迁移的过程中，还停留在农村思维，具体涉及对金钱、金融、产权、发展的认识上。

什么是小农思维呢？认为社会是静态的，如陶渊明所著《桃花源记》："土地平旷，屋舍俨然，有良田美池桑竹之属。阡陌交通，鸡犬相闻。"往往无法理解城市的日新月异，以及科技发展的迭代和竞争。不少人的概念里，一切被政府安排得妥妥的，像是在农村一样，有宅基地，可以自建房。房子凭什么那么贵？往往无法理解和接受城市的房子所带属性的附加值。

小农思维，理解不了钱是国家信用支撑的一般等价物；理解不了布雷顿森林体系的崩塌；理解不了银行资本金与《巴塞尔协议》；理解不了全球发达国家处于低利率甚至负利率的经济结构，往往认为贷款是可耻的；无法理解金融是跨越周期的工具；无法理解资产泡沫与货币泡沫的对冲。

农村的房子不管是否确权，往往是不能全国范围流通的，在银行抵押方面存在束缚，在落户方面、读书方面更是如此，受到极其严苛的约束。正是源于认识的不完整，大城市的一部分群体往往也会认为集体自建房或者农民自建房这类小产权价格挺好，为什么要买这么贵的大产权呢？他们觉得所谓的别墅不比老家的自建房好，自建房还有大院子，甚至比别墅的花园都大。自建房可以建两层三层，关键是不用物业费。寄托于政府万能，无法理解政府管理有局限性和边界，会认为城市的房子应该拉齐至农村自建房的价格，他们总以为房子会跌价，特别是随着人口的顶峰，大家都有房子，城市的房子不应该比农村贵多少，应该是同一个级别的。农村房子建房成本二三十万，他认为翻一倍到两倍是最高了，再高就有泡沫了。有没有道理？有道理的。不过存在的前提是土地获取价格为零，周边配套和农村配套一样。

现实中，我们所追逐的房产是旁边有本城市或者本省最好的企业，有本城市或者本省最好的学校、最好的医院。这样房子的价格已经是十倍百倍级的差别了。所以在此特别重申，不是房子本身值多少钱，而是周边配套值多少钱。我不由得想到鲁迅先生在《藤野先生》中写道："大概是物以稀为贵罢。北京的白菜运往浙江，便用红头绳系住菜根，倒挂在水果店头，尊为'胶菜'；福建野生着的芦荟，一到北京就请进温室，且美其名曰'龙舌兰'。"

第三节　必须重视的因素

一、微观评估一套房产

该如何评估一套房子的真实价格？首先，在看房前，你需要了解这个板块、商圈和楼盘的背景信息，形成一个对于该楼盘小区的基准评估价格。然后，在看房时，用目标房源与基准评估价进行比较，列出所有产生差异的因素，用拆骨法进行折价。任何一套房子都会有优点，也会有不足，尝试着建立一套坐标体系对每一套房子的优缺点进行精准定位。

举例来说，面积一样的四室二厅一卫和二卫，在100平方米~120平方米的区间，几乎没有差价。但大于120平方米，差价开始体现出来。如果是130平方米，两卫正常；如果只有一卫，9.5折正常。

针对户型，两室一厅，卧室一南一北，客厅朝南，南北通透为基准价，那么两房全北，折价5%~7%；如果两房全南，客厅朝南，南北通透，溢价5%~7%。

针对位置，中心楼王为基准价，那么不靠马路的小区其他位置，折价1%~3%；北侧靠小马路，折价2%~4%；北侧靠大马路，折价3%~5%；南侧靠小马路，折价3%~5%；南侧靠大马路，折价4%~6%。

针对楼层，以33层高层住宅举例，次顶楼基准价，通用定价顶楼折价2%；次顶楼每低一个楼层，折价0.3%~0.5%；十楼以下折价0.1%~0.2%；

一楼无花园无挑高采光差折价10%～15%；如果一楼有挑高折价6%～10%；如果一楼带花园，根据花园大小，溢价5%～10%。

以七层多层无电梯住宅举例，三层是基准价；二层和四层折价3%～5%；一层和五层折价5%～7%；六层折价7%～8%；七层折价8%～10%。多层住宅容积率较低，生活舒适感较高，现在多层住宅越来越少见，特别是大都市更是如此。

以上不足，逐渐也会有补充方案或替代方案，比如多层无电梯的房子，如果社区内老人较多，政府鼓励安装电梯，我们知道一部电梯在20万～35万，如果是大都市，房产价值比较高，可能会因为安装电梯增值涨价20%～40%，特别是较低价格的五层、六层。

举例来说，原本三层单价3万/平方米，六层单价2.7万/平方米，安装电梯后，三层3.2万，六层3.4万。若是100平方米的房子，电梯安装前后差价可以达到20万～70万，一部电梯重新改写了房价评估体系。比如靠近大马路的房子，隔音玻璃和新风系统确实可以解决大部分问题，可是大部分人还是喜欢开窗通风，具体考虑到车道的数量和车流大小，距离远近，是否有大型卡车通过及数量，城市越小越难出手。

我们再具体到一套房子，在一个小区内，哪怕各种不足叠加到一起，比如南侧靠大马路，卧室全部朝北，一层无挑高无花园等三项不足叠加到一套房子上，比起小区最高价也不会低于15%，并且总体房价越高，折价比例越低。

举例来说，楼王单价1万的楼层户型，小区内最低单价也会在8500元及以上；楼王单价10万的楼层户型，小区内最低单价往往会在9万以上。居住功能只是房产的一个属性，教育、医疗、生活、工作便利等配套才是核心，所以单纯从产品居住功能上去判断房产相对价格是有底线的。

针对地铁，以小区出入口距离地铁口100米为基准价，距离600～700米折价3%～5%；距离1000米，折价5%～8%；距离2000米，折价15%～20%；距离3000米，折价20%～25%。最后，评估出目标房源合理的市场价格，并与售价进行比较，确认是否划算。

以上定价多为新房定价逻辑，我们在选择购买时，自己的喜好与开发商定价逻辑查看是否有套利空间，比如自己睡眠质量不好，要求安静，可能一楼就不合适，顶楼相对合适，但是开发商将顶楼的价格定在和一楼一样的价格，都是折价10%，是否就可以重点考虑呢？

在二手房市场，又存在装修和非装修、装修品质和风格的差异，其价格往往是业主基于市场定价体系和自己是否着急卖出而定价，一旦急用钱，会严重背离市场定价体系，只是为了尽快卖出。为了获得高潜力、高性价比的房子，我们一般是先看小区内低于均价的房子，在里面寻找最好品质的，因为代表着业主有诚意，着急出手。如果是高于均价的房源，一般是等着低价房出清后，才有机会。

有时会遇到一种纠结，在同一个商圈内，想买品质稍好的，住得舒服的房子，但需要多花15%～20%的价格，值不值得？先说结论：在大都市，从自住角度，为品质多花15%～20%可以接受。因为你付出的真实额外成本长期来看，并没有15%～20%那么多。中小城市房价也不高，选择任何一套，都是游刃有余的。一般都会优先选择最好的楼层户型和面积。

聚焦大都市，首先大多数都是要银行按揭贷款的，贷款套利通胀的这部分，就相当于帮你给房价差价打折了，均摊到二十年三十年去承担价差。其次，高品质房源一样会随大势上涨，有可能比品质略差的那些楼盘涨得稍微慢一点。这部分涨幅的快慢差额，才是你的额外考虑的机会成本。房子可以长期几十年上百年的持有，无非是缴纳些许土地出让金。从长远角度，还是买品质好一些的、容积率低、绿化率高、户型佳、面积大、楼层喜欢的房子。

只有三两栋楼座的小区能买吗？一个楼盘最好有点规模，至少五六栋楼，这样可以提供宽裕完整的小区绿化、物业服务，您的孩子不用出小区就可以找同学玩，不用担心安全问题。小区内的配套的确会增加房子的使用价值，所以是有价值的。但是，如果只有三两栋楼的小区，关起门来，居住体验和有花园环境的小区并没有本质区别，出小区极其快捷，往往楼下便是生活和交通配套。另外，三两栋楼的次新楼盘，并不见得就没有前途，取决于本身品质如何、管理得好不好。

二、一套房产的全生命周期是怎么样的

房产购置有九个步骤，分别是选择板块、看房、询价、对比、谈判、签约、装修、自住、卖房。重点分析一下前半场选房谈判。

有谋略的人在买房前会想，这套房子什么时候会卖，量化到多少年后，预期什么价格。然后，根据手头的资金量和未来的预期，判断大致应该买入什么样的一套房子，适合多年后的卖房市场。

比如，我现在有100万元资金，打算买入一套300万元的房子，持有满8年~10年后开始挂牌卖出。那么根据这个思路，你就可以开始研究考察适合自己买入的板块和楼盘，开始第一次看房。如果是二手房，见到房东该做些什么？有的人喜欢在第一次看房的时候，抱怨房子的各种问题。实际上这样做并不明智，通过靠谱的中介，知晓房东卖房的原因、急迫程度、过来看房的人数、房子里有没有户口、是否需要保留户口、学位有没有使用，这些往往比抱怨更有价值，有利于后续谈价。对于一个不着急卖的业主，所有的抱怨可能适得其反；对于一个着急卖的，告诉他你的诚意，但是金额上需要和家人商量，钱都准备好了。这样的描述和展示，更能让业主主动降低心理预期，这样的引导更有利于压低价格。

买房要不要找多家中介询价，货比三家？不要。这可能有悖于你的常规习惯，但买房和买其他"拎包"商品不同，房子由于楼层、位置、户型、面积、学位、户口等众多维度，每一套房子都是独一无二的。针对同一套房子，不同的房产中介背后都是一个房东，在房东看来，他的房子很受欢迎，很多意向买家都感兴趣，反而你跟他讲价，会制造很大的困难。还有一种策略，是安排朋友去砍价，效果要看每个"演员"的契合度，可能会有意想不到的效果。

三、关于小产权的那些事

先说结论，能买商品房大产权不要买小产权。我们先定义什么是小产权。一般来讲，大产权以外的都称为小产权。

那什么是大产权呢？国家相关部门颁布合法合规房产证的房产称为大产权，除此之外的都称为小产权。在个别地方，会把四十年、五十年产权的商品房也称为小产权。小产权有一定的风险，可能从法律上也能获得部分支持，但是没有大产权那么全面、那么到位。

我举个例子，某城市人购买了某处集体产权的农村安置房，后续遇到拆迁或原房主由于增值索要房产，哪怕签订合同是既定事实，但是法院往往支持原房东退回原有购房资金，最多按照同期利率支付利息，房屋仍然要物归原主。如此这般，对于购房者来讲是有法律风险，往往得不偿失，机会成本较高。

有的购房者，抱有各种幻想，认为非常安全，原房东不会索要的，拆迁协议也签署好了。几十上百万的房子再怎么强调风险也不为过，单纯的钢筋混凝土价值是非常有限的，关键就是他的证照、证件，以及国家相关部门对他的认可。认可了之后才能够享受附属权利中的关键权益，比如落户、上学高考，等等。

笔者访谈本地人，大多数买不起商品房，只能买同村的集体产权，适合内部交换。这是没有风险的。列举一下小产权的不足：不能落户，不能银行按揭贷款，不能银行抵押，不能自由交易过户。小产权的表象特征就是没有房产证。

四、从企业选址看城市选择

"城市不对，努力白费！"企业是以经济获益（盈利）为主要目的的组织形式。一种说法是求生存，继而是谋发展。另一种说法，它要考虑投入产出、投资回报率的问题。自然而然，企业首先是靠近消费人群，了解其需求，能够很便捷地把商品或服务匹配运送到消费人群手里。其次是营商环境，具体到税收政策、政策扶持、产业链条、人才匹配与供应、人文环境，等等。最后一个是交通水陆空便利。

除了理性分析，从现实中发现高利润、高员工福利的好企业会以一线城市或新一线城市为主，随着城市级别的降低，企业的利润率（含金量）会逐渐降低，总体是呈现这样的趋势：企业越来越赚钱，会把总部逐渐往高等级的城市搬迁。同时企业在整个产业链中的价值越低，越靠近同一个省内不发达的地区，或者是同一个城市的边缘外沿。所以说好的企业往往都会产生聚焦效应，好的企业往往都会在这个城市的核心地段购买资产或者租赁物业。

中国最优秀的上市公司，最好的公司大多都在一线城市。中国500强企业分布于110多个城市，其中北京、上海、深圳、香港前四强，分别分布了116家、55家、34家、34家。2019年中国独角兽企业218家分布于28座城市，其中"北上深杭"共有独角兽企业156家，占我国独角兽企业总数的71.6%（在资本界估值10亿美元以上，并且创办时间相对较短的公司，称为独角兽企业）。

从增量潜在市场的独角兽数量来看，一线城市便是以上各方面的顶峰聚焦点，也是靠近投资机构，靠近钱最近的地方。因为有了好的企业，才有好的就业。当企业足够多，便会形成相关的企业链条，带动整个行业的抱团取暖，甚至相互之间投资持股，形成生态链条，降低成本——我们称为产业集群，推动整个城市的定位、迭代与更新。

"良禽择木而栖"。作为个体（劳动力），流动到这样的地方，加快了产业链的优化，人才与企业相互促进。知难行易。一个优质企业投资，少则几千万，多则几十个亿，他们选择的考量点比我们个体更为长远、更为全面，所以企业在哪里，我们年轻人就应该去往哪里。已经帮你做了最好的选择，跟着成功企业的脚步迁徙吧。

五、城市分析之框架

一个城市至少要从九个角度进行分析，进而细化到三十个以上的子分项。

人口方面：从出生率、出生人数、小学生数量及增量、人口户籍增长、外来常住增长数及比率来分析。

经济发展方面：从GDP存量和增量、产业结构中第一二三产业比例、人均收入、恩格尔系数、基尼系数等指标来考量。

企业活力方面：从第三方招聘收入分布（20万以上收入、50万以上收入、100万以上收入、10万～20万收入、5万～10万收入、5万以下收入）、知名优秀企业（上市公司数量、上市公司产值）、新融资企业数量及金额、独角兽企业存量、增量及员工人数等来分析。

教育方面：大学（985、211大学人数）、普通大学、大专类院校人数，研究生人数，中小学人数及入学难度，初高中升学率等。

医疗方面：优秀医院（三甲）和社区门诊的数量及床位。

交通方面：高铁、机场、地铁、公交车的路线和频率。

金融方面：金融机构存量及增量、货币存款余额存量及增量，本外币存款余额及贷款余额。

自然资源方面：水、电、油、气的供需，气候，温度，降雨量，垃圾及污染物的处理。

财政方面：财政收入结构和财政盈亏状况。

军区及军工业：一些军工类企业属于中央直管，不进入地方GDP，但是在当地生活消费，为当地经济和社会发展起到促进作用。

看待一个城市，要从多个角度多维度地去分析判断，避免盲人摸象，以致判断失误。看全国的城市发展，根据城市级别和区位，会存在发展的优先级。同一等级的不同城市，也会存在发展的优先级，称为城市的轮动。

CHAPTER **4**

第四章　怎么买

第一节　买房实操关键节点

一、买房的渠道

买新房有三个模式：

第一，直接去开发商的售楼处，帮开发商省去了本来预算中该花出去的营销费（约2%～3%），开发商高兴，不会多给客户让利一分钱，因为不能乱价。营销负责人未必高兴，因为客户新增量有限，朝不保夕。

第二，找各大渠道中介，虽然不会买贵，但是8成以上佣金让公司赚走（大部分是公司的各种费用和成本），经纪人工资微薄，而且公司的模式决定了不能给客户太多优惠，否则会乱了市场。

第三，互联网全新模式，颠覆传统，给客户最大优惠和福利；专业分析和乐观立场；擅长和开发商谈团购优惠；赠送专属家电大礼包；买房前后一个月还能得到一对一面对面指导交流。

总结来讲，一直占据主流的是通过房产经纪人（有门店那种），也可以直接到售楼中心购买。随着互联网、移动互联网的兴起，一些新生渠道越来越有力量，不管哪种方式，最终比拼的是商业效率。目前一年新房销售额在十几万亿，佣金一般在1%～3%，即上千亿养活了数百万房产经纪人，可以提供精心带看、仔细讲解服务（有的甚至包含车接车送）。

政府对房价是进行备案管控的，往往设定最高价，大品牌开发商一房一价，每一套房对外的售价是统一的，不会因为渠道的不同，售价有所不同，但是会存在有渠道包销个别楼座的状况。

建议保守型的顾客从传统的品牌房产中介门店购买，"新新人类"可以尝试更多。不管如何，多跑盘，多选择，多对比，每一次考察便成长一次，多看房总是有益无害。

对于个人购房者最大的坑，是买到与自己真正需求不匹配的楼盘，其次是楼盘的不足和劣势未允分介绍，最后是主动推销氛围强烈，没有感受到置业顾问的专业性。

二、买房税费

买房的税费是避不开的，金额相对较大的主要是契税、增值税、住房公共维修金和个人所得税（仅限二手房）。

什么是契税？契税，是指在土地、房屋权属发生转移时，对产权承受人征收的税费。纳税人为承受土地、房屋权属的单位或个人，即购买人。计税依据为官方认可的成交价格。根据《中华人民共和国契税法》第三条，契税税率为3%～5%。每个城市略有优惠差别，优惠后以1%～3%为主。

什么是增值税？增值税是以商品（含应税劳务）在流转过程中产生的增值额作为计税依据而征收的一种流转税。从计税原理上说，增值税是对商品生产、流通、劳务服务中多个环节的新增价值或商品的附加值征收的一种流转税。住宅商品房的增值税及附加税，不同城市政策不同，有不同的优惠减免政策。两种算法：一种是（税务核定价—购买价）/1.05%×5.55%，另外一种是税务核定价/1.05×5.55%。

什么是住宅专项维修基金？住宅专项维修基金是指专项用于住宅共用部位、共用设施设备保修期满后的维修、更新和改造的基金。住宅共用部位包括承重墙体、屋顶以及户外的墙面、门厅、楼梯间、走廊通道等，共用设施设备包括电梯、绿地、道路、路灯、非经营性车场车库等。交存住宅专项维修基金有利于小区共用部分及时得到维修和更新，保障业主的利益与安全。直辖市、市、县人民政府建设（房地产）主管部门应当根据本地区情况，合理确定、公布每平方米建筑面积交存首期住宅专项维修基金的数额。

什么是个税？房产个税是指房产交易过程中由税务机关征收的个人所得税。一般存在于二手房交易过程中由卖方个人缴纳的利得税；新房卖方是开发商，不存在销售环节的个人所得税。各个城市差异较大，交易总额减去房产登记价格之间的差额再乘以20%，也有房价乘以1%，以当地城市最新政策为准。

避坑最关键的一步：让置业顾问或者经纪人将以上税费经过确认列举清楚，如若有疏漏，本人承担责任，并且置业顾问或经纪人及其上级签字确认；如果是买二手房，关注二手房缴纳契税时间、房本日期等。

三、买房价格

买房涉及一系列的价格名称，将其描述清楚：

（1）什么是挂牌价格、成交价格和市场价格？

挂牌价格，是指出售房产时公开标识的价格，通常高于成交价。挂牌价应真实并合理。挂牌价通常随着市场行情变动。当市场火热时，卖方可调高挂牌价；当市场低迷时，卖方可调低挂牌价。挂牌价和成交价之差与挂牌价的比率，称为议价空间。

成交价格是指在成功的交易中买方支付和卖方接受的金额，是个别价格，通常随着交易者、交易房地产的不同而有所不同。

市场价格是指某种房地产在市面上的平均交易价格，是大量数据的合并同类项，是整体性的数据。

此处应注意避坑：挂牌价不真实，为了吸引客户，故意标出明显低于正常市场价格的挂牌价，会让人有上当受骗的感觉，影响情绪，耗费精力，耽误时间。

（2）什么是正常负担价、卖方净得价和买方实付价？

正常负担价，即房地产交易税费正常负担下的价格，卖方缴纳其应缴纳的税费，买方缴纳其应缴纳的税费。卖方净得价＝正常负担价－卖方应缴纳税费。买方实付价＝正常负担价＋买方应缴纳税费。若政府的调控政策、法律法规增加了交易税费，那么买方实付价与卖方净得价之间的差值就会拉大。

（3）什么是网签价格、计税指导价和贷款评估价？

网签价格是指通过房地产相关管理部门的信息服务与监管平台办理房地产买卖合同备案时申报的价格。计税指导价是指税务机关为核定计税而评估得出的房地产价格。贷款评估价是指评估机构为商业银行等金融机构核定贷款额度而评估得出的房地产价格。

避免"心理恐慌"造成决策失误：比如数据显示某某片区房价"腰斩"，首先可以肯定的是此片区存在阶段性结构性的供大于求，但是"腰斩"往往是边际价格呈现出的，即个别房产的成交价和曾经的最高价进行对比。而曾经的最高价也是一个时间点个别房产的价格，并不是所有楼盘所有户型楼层的价格。又由于房产属于非标品，同样时间段，同一个小区不同价格差别也在10%～20%，同一板块临近小区价格也可以达到20%～30%。因此综上各种原因，我们看到房价涨跌的描述，一定要实地踩盘，以具体小区、具体楼层、具体户型和面积，进行对比。

四、交易步骤

签约的基本流程及注意事项（以一手房为例），洽谈步骤：查验购房资格→查看《商品房预售许可证》→资格通过后，根据预算，推荐面积户型楼盘→房源和价格满意→确认贷款资格（由按揭机构的客户经理确认可贷）→缴纳定金，签署购房协议书（带相应资料和款项来签约）→缴纳契税并缴纳首付款，签订《商品房买卖合同》（最好第三方资金监管）→如果需要按揭，签署《银行按揭合同》（带按揭机构客户经理所要求资料）→银行面签→银行房贷每月还款→房屋交接→办理房产证（可同时装修入住）→贷款结清，办理抵押房产撤销登记→取回借款合同。

为了规避风险，简单列举以下五种情况：

（1）一房多卖，严重损害购房人的权益，违规违法，最大的坑。

（2）未按政府备案价格的要求销售商品房，或者以附加条件限制购房人合法权利（如捆绑装修、捆绑车位），变相加价，属于违规违法。

（3）在取得商品房预售许可前，以认购、认筹、预订、排号、售卡等方式向购房人收取或者变相收取定金、诚意金等费用属于违规违法。

（4）未标明房源销售价格、销售状态、销售进度等违反明码标价规定的行为。

（5）限制、阻挠、拒绝购房人使用住房公积金贷款或者按揭贷款。

还有两种：第一种是写错房号，比如12层201，不知何种原因写成12层203；第二种是楼盘有厌恶性设施，但是不提醒，不说全，比如殡仪馆、公共厕所、火葬场、垃圾站、传染性医院、变电站、屠宰场、危险品仓库、加油站。以上七种违法违规失误往往都是不可逆的损失，一定要提前规避。

五、物业交割

物业交割一般是去开发商指定的物业机构，带着相关资料缴纳物业费，领取水卡、电卡、门禁、钥匙。如果要装修，还要缴纳装修押金。注意收房验房时，要仔细核验房屋的每个细节，查看"三书一证一表"。如果开发商拿不出这些证件，可以直接拒绝收房。

"三书一证一表"中"三书"指的是《住宅质量保证书》《住宅使用说明书》《建筑工程质量认定书》，"一证"是指《房地产开发建设项目竣工综合验收合格证》，"一表"是指《竣工验收备案表》。

物业交割避免的坑：是否存在交房延迟、地基下沉、房顶和卫生间漏水、墙体有明显的裂缝、墙皮脱落、墙皮空鼓、门窗开关障碍、水电气配套完善等。

六、分清三类置业顾问

顶级置业顾问主要是分为三类：

第一类以专业著称，对买卖的各环节极其精通，对于本城市市场行情了解得极其透彻。

第二类服务特别到位，带你去看所有你想看的楼盘，不管看多少个都不厌其烦，你的疑问哪怕他不清楚的，会找相关人士帮你进行确认，再核实，并且会做各种友善的提醒。

第三类以勤奋著称，嘘寒问暖，询问有没有考虑好，要不要再去看其他楼盘，非常认真负责。我们会在踩盘看盘的过程中得到更多的信息，正所谓"久病成医"。

这三种，总体来讲，都是比较不错的。买房尽量从顶级的置业顾问手中购买，得到的服务更为全面、更为专业，不会被不专业的顾问诱导出错误的决策，造成损失，影响心情。除此之外，态度不好的，不专业的，不勤奋的，不建议做太多的交往。

笔者在帮助朋友或者客户选房时，会遇到置业顾问的干扰，正如飞机起飞时的鸟群，一是无法放心起飞，担心安全问题，二是影响心情。比如朋友在对比楼层时，他会缴纳定金预定所有你喜欢的房源；比如房子底价是5万/平方米，他讲还能打个98折，实际是不可能的；比如对比后，看中了这个楼盘，他会反复和你强调性价比更高的楼盘，让你延迟做决定。诸如此类，很影响决策质量。

房产是大金额支出，千万不能为了小利，诱导做错了决策。假如房子是羊肉，所有的优惠和让利是胡萝卜；羊肉不对，胡萝卜再多也是没有意义的。极个别无良中介，不管购房人对房产是否看好，他会利用高额优惠和让利，诱导购房人改变初心，容易做出后悔的决定。背后的逻辑是，大多人见过和理解几万现金的概念，但是对于数百万的金额既没见过，又很少思考。

第二节　如何买到满意的房子

一、如何处理家人反对

　　家人反对大部分因为这两个原因：一是认为房子还会降价，现在太贵了，会买亏的；二是认为贷款有压力，首付金额不足为惧，贷款要还款几十年，是有压力的。

　　处理家人反对，绝非为了买而买，关键是你为什么要买。一定是保值增值，或者有自住的可能性。假若现在有一些闲余资金，众多商家想着让你把钱花掉，你若不信，打开电视，看看网络，各种广告都告诉你需要这些，可以改变你的生活。另外，我们放眼望去，让你买的绝大多数东西，十年二十年之后，一文不值。

　　房产的涨价核心是由于人口净流入的结构性短缺，其次是配套的日渐完善，最后是产品的更新换代（户型合理、人车分流、物业完善）。关于还贷款压力大的问题，是源于内心对未知的恐惧。举个例子，我带团队时，个别员工有戾气，属于"刺头"，带他去了售楼处之后，就不再矫情，内心的戾气会被消灭掉。买了房之后，曾经的自大、自负、自傲也瞬间消失得无影无踪，房产会让一个人更为沉稳、更为成熟。

　　言归正传，随着社会生产力的发达，贷款压力也会越来越小。对比十年二十年前，我们的人均收入提高了多少，社会进步多大。随着祖国的繁荣昌盛，中国重回世界巅峰是大概率事件。悲观者正确，乐观者成功。你是哪一类？

二、置换时先买还是先卖

首先，从大势看，如果市场处于涨价阶段，先买后卖；如果是下跌阶段，那么先卖再买；如果是横盘期，那么建议同步买卖。

具体操作是开始行动起来，房子看起来，遇到合适的房子可以先缴纳定金定下来，约定较长时间的过户交易周期和一定金额的违约金，然后同步挂出自有房产。其次，要看具体置换的原因和时间要求，如果是孩子上学读书，那么房子买入是有截止日期的；如果是家庭人口增加，导致置换大房子，那么也有时间约束。再次，如果有多套房产时，置换、卖房要在市场好的时候，买房要在市场不好的时候。这个问题的底层逻辑是预期的不可确定性。所置换的房产买早了、买亏了，担心房价下跌；自有房产卖早了、卖亏了，担心房价上涨。

房价涨跌是有显性征兆的，一般是以下特征的循环：量涨价涨—量跌价涨—量跌价平—量跌价跌—量涨价跌—量涨价平—量涨价涨。如此循环。价格是量的函数，是带看量和成交量影响的。这对个人要求比较高，需要常年研究房产价格和结构性供需关系，一般人做不到。

三、房产价值提升的信号

一个城市的某楼盘的房价（价值）的涨跌，有什么影响因素呢？其实有极强的规律性，无论是过去的20年，还是未来的20年都一样，房价不可能每天每时每刻永远在涨，也不是永远在跌，而是价格围绕价值上下波动。如果价值有提高，那么价格将会波动式曲线上扬。

每一轮周期，分成一段缓缓上涨的缓坡期和一段极速上涨的陡坡期。所以，需要观察自己所处的时期：在缓坡期，应该尽快买；在陡坡期，就要慎重考虑，可以卖出（置换）自己多余的房产。

房价（价值）上涨有哪些信号？除了运气好，没人可以精准做到"买在大涨前夜"。但以下几个要素可以帮助你更好地优化买入卖出时机，靠近低谷，卖在高峰。

要素一：资金的宽松（货币供应量变大）是市场向好（量涨）的信号，通常在6个～12个月会看到效果，具体体现在降息、降准、降首套比例、取消或放松认房认贷等。

要素二：知名大企业的落户，带动上万高收入人群的就业，对于本城市房产是巨大利好：增加了税收，继而城市配套更加完善，带动就业；增加了高收入人群流入；增加了市场购买力。

要素三：土地出让数量的降低也是影响要素，物以稀为贵，造成供不应求，通常在2年～3年会看到效果。

要素四：落户政策的放开是个很关键的因素，人口大量导入导致需求量短时间内大增，影响了供需结构，通常在6个～18个月会看到效果。

要素五：房产相关政策的放松，比如限购、限售、限价的放松或者取消，如若导致带看量和成交量的大幅回升，通常意味着，当前价格体系有足够的支撑和市场基本面，有足够的上涨动力。

要素六：城市级的重大规划及投资落地，比如三甲医院、机场、高铁站、文化馆、体育馆、展览馆、博物馆、旅游景区等关键性投资。

要素七：板块商圈的配套落地，比如优质学校、地铁站、商业综合体、公园等。

四、房产购买时机

购买时机有三个角度：第一个是我们个人的购买时机，第二个是本城市或全国范围之内比较得出的时机，第三个是楼盘的时机。

个人购买时机，大的阶段一般是结婚前、家庭人口增加时、跨城市工作生活时、下一代谈婚论嫁时，小的阶段一般是升职加薪时、投资有回报时、年度或者期权兑换时。从时间阶段上讲，避免羊群效应，即避开市场最火热时。一般情况下，最火热的是春暖花开的四、五月份，以及九、十、十一月份。这两个是全国性买房高涨期。到了夏天七、八月份和冬天十二月、一月份，一个太热一个太冷，看房量降低，成交量会低一点。因此"逆周期"冬、夏淡季的时候也是比较好的购买时机，开发商也会象征性地推出一些特价房来促成交易。

具体到一个楼盘的时机，有几个节点，开盘团购时和尾盘，分别是充足房源房价的优先选择权，其次是尾盘的放价促销。

本城市的时机，楼市上行或横盘期，二手房性价比高；房价下行时，新房性价比高。一般涨价是学区房先涨价，或者豪宅先涨价，然后带动同类或者附近富裕区涨价，发生"涟漪效应"，逐渐波及整个城市。

全国的涨价，往往也是高级城市辐射低级城市。房产相关政策较松的一线先涨价，带动调控严格的一线城市涨价；一线城市涨完后，带动二线城市涨，逐渐波及三四线城市。在高通胀的年代，越早买房越好；低通胀的年代，越晚买房越好。

五、如何买个低价房

任何人都希望物美价廉。为了防止"被割韭菜"，首先是要多对比，低价格是相对的，没有绝对低价这一说。第二是要在自己喜欢的里面买相对低价格。总结来讲：单价越高，房子越好，但是同样预算买的面积越小；单价越低，同样预算面积更大。

核心需求具体落实到学校、地理位置、交通、环境、物业、户型、楼层、面积，这些都是综合性考虑因素，我们尽量不为溢价买单。要具体进行对比，价格只是其中一个考虑因素而已；不要因小失大，不要因为价格而忽视了生活品质，忽视了该有的需求。单价贵有贵的原因，单价便宜有便宜的道理。买房不能追求低价格，也不能追求高价格，追求与预算相符的、能自住、有潜力的好房子。

遵守购买时机，跟着政府和社会的资金流动，哪里有投资就往哪里去。在现在居住小区或最熟悉的片区里选择往往是效率最高的，能买到性价比最高的。如果舍近求远，站在黄金堆上满世界找黄金，得不偿失。

一般来说，普通百姓会追求性价比，优先考虑低价格；富裕家庭会追求体验感和舒适感，均衡价格。

最大一个坑，是部分购房者总觉得房价贵10%，就是看好的每一套房子价格低10%就可以买入手。从两个角度解答：（1）房子的价格是接受它的群体所决定的，以意向群体中接受楼盘定价者得之；（2）看上市公司的利润率在5%～12%为主。销售价格降低1%，那么利率降低2%～4%；价格降低5%，利率降低10%以上。

六、哪种房产最保值增值

四个属性缺一不可：人口净流入城市的外来人口聚集区，住宅性质高品质商品房，有规划有产业有配套的新区位，低价入手的笋盘（比如房东急卖或者开发商的特价房，比高峰阶段价格低30%～50%）。

能买洋房不买高层；

能买板楼不买塔楼；

能买高物业费不买低物业费；

能买优质学校配套不买无学校。

再具体一个细节：所在片区的主流户型、主流面积、主流楼层，折中选择即可。

七、房子跌价的原因及风险

经济学上有很清楚的解释，首先是价格围绕价值上下波动。其次当供大于求时，商品价格会下降。当房产供应量过大时或者快速增加时，往往伴随着跌价；对应的房产供应量缩小，往往伴随着涨价。

相比起房子的供应量增加，买房子的人少了是房子跌价的主要原因。那买房子的人为什么会少呢？有多种原因，以四类最为典型：

第一类是人为制定的政策约束：

（1）限购。比如社保满两年，便对需求方提高一定的门槛；比如本城市第三套不能买。

（2）限贷。比如全国范围内贷款只能贷两套。

（3）首付比例的提升，会让需求方的购买力降低。

（4）限售。房产证满两年或者五年内不能销售等，置换的需求被压抑。

（5）还有其他一些政策。比如贷款利率的提高；比如离婚的三年之内，根据离婚前房产的数量调整购房资格。

第二类是本城市、本区域人口流失，由于就业环境、自然环境或者任何其他原因，人口净流失。比如某城市是由于煤矿而起，随着煤炭资源的枯竭，煤炭相关的企业停产，人口会慢慢流失。

第三类是资金面的紧缩，货币发行量的减少和降低。我们常规说的，钱变实了。

第四类是出生人口大幅下降（往往伴随着老龄化的同步发生），并且无外来人口流入。

房产的价值是什么呢？是本身的产品加配套，更是所在城市的配套。如果财政乏力，无持续市政配套的投入，整体来讲，价值是降低的。随着通货膨胀，有的地方房产哪怕价值下降，但是通过通货膨胀可以抹平一定的降幅，甚至还有上涨。我们常规说的，钱"毛"了。

一二线城市的房子跌价是有底线的，一般最高峰回落30%，达到一个极限。因为我们知道不少城市首套首付比例在30%，如果把首付都跌掉了，那么会存在着系统性的金融风险。当然了，也会存在个别楼盘跌价50%的情况。这都属于极少数的，并且买到最高峰价格的也是比较少的。

再进一步分析，房产估值一旦减少降低，首先，房产购买时做的银行按揭贷款，需要补充抵押物或者提前还贷；再一个是企业经营贷所需要的房产抵押，也面临补充抵押物或抽贷的风险，容易形成多米诺骨牌效应，经济不可承受之重。

八、房子涨价的原因及风险

以宏观角度分析，物以稀为贵，供应量在平稳的情况之下，如果需求量大增，那么就会产生房子涨价。那需求量受什么样影响？也是分以下四类：

第一类是人为制定的政策"松绑"了：

（1）限购放松；（2）限贷放松；（3）首付比例的降低，会让需求方的购买力提升；（4）限售的放松，置换的需求爆发；（5）其他一些政策，比如贷款利率的降低。

第二类是人口大量流入，先是租金上涨，进而房产价格上涨，人口流入的核心原因是良好的就业和经济环境。

第三类是资金面的积极，货币发行量的增大。

中观角度，一个城市的房价为什么会上涨？

首先，房子与它周围的产业结构和质量、轨道交通、商业配套有重大关系，复制成本极高。所以，当人们对于某城市住宿的需求量远大于供给量时，房价就会水涨船高。

其次，房价和任何商品的售价一样，也是一种货币现象。比如在过去十年，几乎所有购买核心城市房产的人，手里的资产价格都翻倍上涨。但这种上涨，大部分并不是因为眼光好，买到了具有稀缺性的产品，而是一种普遍的上涨。事后诸葛亮都容易做，事前预测是最为具有挑战性和艰难的。

另外，由于货币导致的涨幅在同等级城市中间差异不大，但是不同等级城市却会有一定差异，同一个城市内部供不应求带来的涨幅则不会平均分配。

微观角度，就具体一个楼盘或者板块涨价（与其他楼盘形成差距），往往源于本身的产品加配套更加有竞争力。比如产品本身的面积、户型、设计、物业、环境等，以及配套的学校、公园、交通等。

为什么三四线城市人口净流出，但是新楼盘往往价格是本城市的最高位？因为整体城市流出，但是仍然有源源不断的乡镇青年奔向三四线城市，就近城市化，当出现新理念、新设计、新圈层、新社区时，容易得到本地有钱人和新入住群体的欢喜，同时新楼盘打造了本城市最好的配套。

房价还能涨多少？不预测。在房住不炒的前提下，如何让我们安家乐业，让财富有更多保值增值的选择，是我们所有人面前的难题。未来的历史会把改革开放这几十年记载下来，站在100年后的2121年看今天，这是超越历史上的贞观之治和隋唐盛世的年代。

有人会说："收入不高呀，房价这么贵，谁买得起？"但是一个城市的房价和一个城市的平均工资有什么关系吗？用社会平均收入来计算房价收入比是没有意义的。房价由买得起房的群体中收入最低的那群人决定。京沪很多原本买不起房的人群收入在迅速增加，正在把"买得起房"的门槛不断拔高。这就是房价上涨的根源。

如果核心城市上涨过快，并且持续上涨，容易"炒房"成风气，尽让一小撮有大量房产的人群（阶层）获得收益，会影响正常的企业投资、企业经营，影响常规的消费，阻碍社会经济的正常运行，产生系统性风险，因小失大，得不偿失。因此限购限贷限价等宏观调控出台，便是让经济和房产平稳良性可持续发展，是有益的。

九、如何选择我需要匹配的房子

不同的群体买房考量点及优先级是有差异的，具体来讲，不同的年龄、不同的增量和存量财富、不同风险偏好、不同的家庭背景，其价值观和判断是不同的。正所谓"彼之砒霜，吾之蜜糖"。我们分三类：

第一类是外来人口进入城市，养家糊口，安家立业，可以由4～6个钱包作支撑，工作稳定。

选房子七步法，买房选到笋盘。笋的意思是具有成长性；价格被低估，价格远远低于价值。

第一个维度是城市笋（限购越严格的城市越没有泡沫）。城市间进行对比，尽量选择自己工作生活的城市，或者梦想工作生活的城市；一定要人口大量净流入。

第二个是区位笋。城市的发展轴方向，就要参考大基建的建设方向，比如地铁、机场、游乐城、博物馆、图书馆、市（区）政府要建设到哪里，哪里就是区位的发展方向。一个是规划，一个是落地，尽量在动工之时，人口净流入区域。

第三个是信贷笋。信贷对比，有的楼盘可以公积金贷款，有的楼盘合作的银行少，有的楼盘信贷政策灵活，等等。另外，能贷款的楼盘，说明银行认可，产权清晰明了，没有纠纷，土地性质没有异议。

第四个是配套笋。顶级配套，比如学校、交通、商业综合体正在建设中，但是房价目前不贵。

第五个是楼盘笋。楼盘间对比，比如毗邻的两个楼盘价格有差异（核心原因是拿地成本低），比如同样区位一个精装修一个毛坯一个价格，比如市区某楼盘与郊区某楼盘一个价格。

第六个是面积和户型笋。不同的面积单价是不同的，根据自己的偏好，选适合自己的。比如人口多，需要买大面积的户型，毗邻小区配套相同，但是某小区大面积价格优势明显，确定是否源于低价买单。

第七个是楼层笋。不同的楼层有既定的定价逻辑，和自己的需求是否有错差，选择更适合自己的。

第二类是本城市中坚力量置换，分析人设是40岁左右，两个孩子，老大10～12岁，老二2～4岁、投资稳健型、土著或同类城市人口平移、收入在圈层的中上等、百万现金积蓄、属于第一套刚需后的第二套改善的选择判断。

第一个维度：配套完备，比如好学校、交通便捷、环境优美、商业完善基本要求。

第二个维度：区位崛起，比如各类大基建已经成型，并在运行，比如体育场馆、图书馆营业等。

第三个维度：楼盘成熟，入住率不低，圈层明显，"谈笑有鸿儒，往来无白丁"。

第四个维度：面积和户型，往往要求大面积，南北通透，好户型。

第五个维度：楼盘根据自己偏好进行选择，中间楼层为主。

第六个维度：信贷一般都能满足条件。

第七个维度：城市维度，一般不太考虑，本城市置换。

第三类是外来人口进入城市，家境普通，只有一个钱包支持，本人收入忽高忽低，风险偏好型。

第一个维度：寻找城市最有成长性、最低价的区位，确保自己能上车买入。关键节点：（1）刚刚有规划图公示，或许还是荒野或废弃的工厂；（2）刚刚打地基时，可能飞沙漫天、道路不通、塔吊林立。这都不要紧，只要人口净流入，政府有长远规划，值得期待。

背后的逻辑：如果城市处于成长周期，发展很快，一切都会变的。环境、交通、人口数量、人口比例构成，凡事都会改变。今天的缺点，明天还是缺点，但是一直要到若干年之后才不是缺点。因为你知道未来五到十年之内肯定不会置换。当你买入时，别人都不看好，买入之时，已经是"最差、最受歧视"的楼盘，那未来就只能变好。如果目前已经是"极品优质品质盘",那未来地位变差的趋势会大一些;人会老,板块也会老。等待漫长的岁月,等待时代逐渐变迁,等待沧海变桑田,正是"否极泰来"的道理。你要做的就是寻找价值,就是找一处未来十五年可以持续不断增值的区位。

第二个维度:低单价优先于低总价。关键点:足够低的单价,才能贷款贷足。房子一套一套分析对比,往往存在大面积、楼层过高或者过低等状况。

背后的逻辑:杠杆用足,所有的政策用到极致,让自己有资金和资格上车置业。

第三个维度:签约过户长周期。关键点:签约远期合同,就是今天签订,但一直到三五个月或者一年后才执行的合同。

背后的逻辑:比如定期存款或理财还没到期,或者筹钱资金还没到账;比如"购买资格"还没有,迁户口的进程中,还需要好几个月走流程。又或者是社保满二年,还差几个月。比如限售的城市,房产还没到限售时间。这时候,最理想的解决方案是"远期合同"。

有人会问,远期合同可以网签吗?是不可以网签的。因为你没有购房资格,比如资金不到位,比如落户还没走完。

总体没有最好,只有更好,更没有100%。买入一套房产,存在宏观、中观、微观几十项因素的考量,每一项因素的微调都会导致购房决策的差异。一般来说,优先选择生活工作的城市和区位,级别越高越好;再一个要选择你能付的首付以及能够供的月供,大约能够估算出总房价,然后对应着喜欢住大一点的还是小一点的,划出几个小区楼盘,再去实地感受。同时,也要听取家人的意见。是一个多方组合拳。在后面章节有不同客户画像的购房建议,可以作为一个参考。

十、刚需群体四段忠告

第一，关于取舍。

世界上没有"事少钱多离家近"的工作，房子也一样，任何房子都是有不足的。我们选择了配套齐全的房子，得接受它的高房价；我们选择了交通方便的房子，得接受它的历史沉淀；我们选择了环境优美的房子，得接受它的配套缺陷；我们选择了低价位的房子，得接受它的周边荒凉；我们选择了增值空间巨大的房子，得接受它的现状一般。

第二，关于城市化、区位和地段。

背后逻辑和普世判断模型：城市经济的发展和人群收入的提升是一座城市价值的动力源泉。所以从长期安家乐业的角度看，因势择城，选择那些经济发展蕴藏的动力大、人口质量增长潜力大的城市作为长线布局的目标城市，事半功倍。要放在城市化大背景下来解读，需要分析地产与空间资本化，避免在城市人口不断流出的地方（城市）错误购置房产，成为沉没资本。根据自己的实际购买力和融资能力，在城市内部空间，挑选适合自己的商品住房，补习必要的城市化知识和金融知识是理性对待房地产的必要基础。

城市确定了，买房子应以区位和地段为根本。品质需建立在区位和地段基础上，再好的品质也无法对抗岁月，而区位和地段却是时间的函数。行政、金融和产业中心在哪里，区位和地段就在哪里。具体到某一城市相同区域，房价最终趋同，现在价格明显较低的就是洼地。

城市中心区价格永远大于郊区，但前提是城市核心不变，最保值增值的就是抓到演变的城市（子）中心，落地对比得真知。具体来讲：

城市选择——人口净流入、市场经济发达、政府廉洁高效的核心城市是首选。

区位选择——区位的当下价值和潜在价值是两回事。潜在价值较大的区位在核心区边缘、城市边缘、次核心区、次核心区边缘。

地段选择——靠近交通枢纽、靠近商务区、靠近学校、靠近景区、靠近城市级配套。

第三，关于楼盘品质、开发商、面积的对比选择。

楼盘的品质要与价位匹配，花园洋房保值升值潜力大于高层、超高层。同理，刚需盘相同地段价低者优，少为溢价买单；如果是置换的改善盘，那么是相同地段品质最好的楼盘，不要追求性价比，买的就是尊贵和溢价。

按照一般的道理来讲，新房比二手房价格高二三成很正常。且舆论行情看淡楼市的时候，差价缩小；舆论行情看好楼市的时候，差价增大。而调控压制新房价格，会让一些城市的房价形成倒挂，这是不符合市场规律的，也是压不住的，反弹的力道会更猛；楼盘的开发商也有差别，国企、央企楼盘相对来讲，做工扎实，重视口碑；全国性大开发商设计理念先进，营销理念先进，吸引流动人口；本土龙头开发商，重视口碑，性价比高。

关于面积，二三线城市，如果长期自住控制在110平方米~150平方米，三居四居；三五年内自住控制在80平方米~120平方米，两居三居。如果在一线城市，由于购买力受限，对应面积打八折。

关于户型，北方城市，南北通透为主，东侧最佳，其次西侧。涨幅绝对值和涨幅相对值是两回事，涨幅绝对值高的往往相对值较低，比如一次涨价中，核心城区从5万/平方米涨价到8万/平方米，涨幅绝对值是3万/平方米，相对值是60%；而郊区从2万/平方米涨价到4万/平方米，涨幅绝对值是2万/平方米，相对值是100%。完美阐述了"鱼和熊掌不可兼得"。

第四，关于个体的独立性。

每一位个体都是独一无二的，因此每个人的安家计划也是独一无二的，其他的可以参考，但不要照搬，买到适合自己的房产才是正道。为自己设计一个安家计划，而不是迁就一个安家计划；了解真实世界的运作方式，不以感性与理性的冲突为乐，正视现实，以现实存在作为价值判断；不要排斥异己思想，将异己思想化为己用，尽可能整合兼容所有信息。

当置业计划有分歧时，主要是两类：第一类是自己的盘算、规划、想法和局限性，第二类是置业顾问的建议。两类都存在很大的局限性，第一类是当局者迷旁观者清，不少人没有买过房子，对数百万的支出有巨大的恐惧感，容易犯迷糊。但是靠谱的旁观者不好找，旁观者鱼龙混杂，无法分辨是真心假意，还是专业水平有限。比如说置业顾问卖过很多套房子，但是都是卖开发商的，自己没有买过，也没有卖过自己的，不会有感同身受的换位思考。这类问题怎么解决？

对买房人的要求比较高，要注重"现世现报"，所见即所得，所思即所得；对置业顾问的要求更高，将双方的所思所见显性化、纸质化、语言化，聚焦眼下，把握好每个细节；人生的重大机会往往是平平常常摆在眼前很久而熟视无睹，让它溜走了；错过一次机会很正常，不可怕，但一再错过就该反思了；错了就是错了，一定要敢于认错，正视缺点，才有可能抓住下一次机会。

顺资金流向而行者昌，逆资金流向而行者亡；楼市疯狂时撤退，楼市成交惨淡时入场，几年内按需买卖一次即可，无须贪多贪快，不要影响生活质量。

现在是历史上最好的时代，大家只要专注于工作，敬业乐业（避免无效社交和娱乐），用心思考（自省求真知），俭以养德（节省开销），在工作的城市赚1~2套房子是可以实现的事情。不要把买房当作终极目标，这无形中降低了档次，还是要多思考人生，多规划人生。思想有多远，才能走多远。

十一、不可取的炒房策略

房价高企，各种宏观调控（限购、限价、限售、限贷等）的组合拳之下，炒房客已经不见踪迹，但是还有一些准炒房客，有着炒房客的部分心态和部分投机行为，以下做描述和风险分析。

准炒房者的行为和操作：在刚开始上涨时买入一线城市物业；快速上

涨时，转买二三线城市或一线城市近郊物业；最后在风险增高时，卖掉一
线城市物业，同时降杠杆，等风险降低后，再加杠杆；他们确信楼市长期
看涨，只买大城市的一线物业，买的速度以收入和杠杆放松程度为依据，
下跌后横盘时买入，上升时加杠杆再买，风险增高时卖掉。如此往复。

准炒房者对房产的认识：一二线城市房价突破常人的想象力，与工资
不符；三四线城市阶段性缓慢涨；小县小镇房微微涨；人口净流出区域房
价下跌。准炒房者认为一线城市的集聚度仍然不够，人均GDP仍然很高，
仍将继续虹吸外来人口；中小城市发展必然比不过大城市，人口净流失区
域不会考虑保值增值。

准炒房者的心态："吾每临兵事，必战战兢兢，唯恐稍有差池，败师没
将。而括易言之，不知兵之险也！"如何对待房产、对待投资、对待投机，
成了人生头等大事，无数次从午夜中惊醒。他们看不懂也不理解各种房产
评论家，为什么？因为评论家只是拿笔杆子写写，是一份旱涝保收的工作；
而他们是用身家性命在验证，输了会发生跳楼悲剧。

准炒房者的比例有多高呢？限购限贷限售高首付的各种控制下，哪里
能炒房呢？房价上涨是国家强盛、城市崛起的自然体现，房价大幅下跌必
然伴随着经济崩溃、银行倒闭失业扩大的恶性事件。这是所有人不可承受
之痛。

全国房价不是炒起来的，个别区位会有炒作的阶段，然而资本是聪明
的，也是逐利的，全国300多个地级市是炒不起来的。房价高是因为经济发
展、就业机会多、配套（交通、医疗、教育）逐渐完善、政府廉洁高效的
必然产物。

风险点评：限购政策，已经让炒房难度加大，限贷更是压缩的炒房空
间；买涨杀跌，是投资的常规套路，而房产正如粮食，很容易引起民众愤
慨和心理的不平衡。食与住，与民相关，低调谨慎，房住不炒。当满足了
刚需，比如一个家庭上面4位老人，夫妻2人，孩子2人，8口之家，1个城市
3～4套房后，应该停止持续购入，转而置换为改善型住房，可以享受天伦
之乐。

第三节　开发商拿地策略看置业风险

一、开发商的前期投入和风险评估

一个楼盘拿地环节少则几个亿，多则几十个亿，甚至上百亿，为了确保商业的成功，往往在区位、定位和定价权衡上煞费苦心，特别是大开发商投资几十个城市、上百个楼盘，他们是如何做到"稳赚不赔"的呢？简单来说，如何让房子卖得快、价格卖得好，有足够多的受众群体，他们的方法论是怎么样的，给大家揭秘。

我们买一个上百万的房子，极其谨慎，哪里能像买水果、买菜一样打起来拎着就走。那么开发商付费获取一块土地的谨慎程度远远高于我们个人置业。这是毋庸置疑的。我们通过他们拿地的策略、风险评估，也是帮我们去规避风险。越大的企业，选地及定位的靠谱程度、精准程度相对来讲是越高的。

一般来讲，开发商大企业管理规范，对市场的认知是全面而深刻的。否则为什么能做这么大呢？另外，只要企业做大了，就可以有更高的薪水和待遇来吸引最优秀的人才。良禽择木而栖，我们都可以理解。

我们具体看一下他们拿地的流程。在一个城市深耕，除了通过购地和项目并购，现在更多的是通过招拍挂，投标获取。评估一个地段，核心看的也是附近的经济、人口、交通、周边规划，以及项目的容积率、绿化率、限高、红线等众多指标。其实开发商是基于客户的需求来设计产品，杠杆率、资金成本、去化周期都要考虑。

二、进入策略研究方法及核心关键

拿地投资方法论

大城市影响力（地位、人口、经济、交通等）增强的过程，细分为三个阶段，第一为区域单中心城市阶段，此时取地策略为中心城市；第二阶段，区域中心城市大都市化，此时取地策略为中心城区近郊取地；随着人口流入，到了第三阶段，区域中心城市城市群化，这时候次中心、功能中心城市取地。遵守着市区土地逐渐枯竭，供应量急剧降低，而在涌入的人口落脚地进行取地投资，风险更小，方可满足企业的经营需要。

以城市等级划分为基础，初步对城市分级分层分类；根据高潜力市场的进入性条件与所在区域的潜力条件，判断聚焦城市和区域；根据经济、人口、竞争激烈程度，再具体到存量市场、增量市场、去库存周期等一系统研究，选择潜力高，快速去库存，销量高的的城市择机进入；并且借鉴自身在其他城市的经验，以及分析城市内现有存量成功企业的发展路径和经验，结合自身条件最终确定进入的目标城市。

六次筛选确定目标城市

第一次筛选：城市等级划分，一线城市，二线城市，三线城市，四五线城市。

第二次筛选：公司决策评估及发展要求。第一维度：城市选择的目的（比如战略性介入或者非机会性介入）。第二维度：城市选择的方向（重点关注城市群）。

第三次筛选：房地产市场价值实现潜力。筛选原理：房地产保值增值变现的两个因素（人和钱）。具体来讲是城市人口密度（常住人口/建区面积）是否足够大，是否有足够的置换升级需求；其次是人均财富（GDP/银行存款等）是否有购买力。

城市总面积：有的城市多湖泊、多山，因此为了精准，可横向对比，部分城市有众多山体、水体、耕地等不可建设面积，不符合房地产用地建设的真实情况。因此一般采用城市的建成区面积作为计算指标。

城市人口的统计数据：全市总人口、市区人口、户籍人口、常住人口等数种统计，主要采用市区常住人口的统计数据，少数城市因缺少统计数据，采用市区户籍人口进行计算。

第四次筛选：房价快速上升条件。

城市研究总结：房子卖得好、卖得快的指标关系，分为投资潜力指标和投资风险指标。先看投资潜力指标的关键要素：

（1）经济发展情况（GDP、人均GDP、GDP增长率）；

（2）房地产开发投资规模（固定资产投资、房地产投资）；

（3）人口规模（常住人口、市区人口）；

（4）人均使用面积规模（人均住宅使用面积）；

（5）供给规模（施工面积、竣工面积）；

（6）需求规模（销售面积）；

（7）购买力水平（人均可支配收入、人均储蓄余额、恩格尔系数）。

其次是投资风险指标的关键要素：

（1）房地产投资风险：房地产投资/GDP、房地产投资增长率/GDP增长率；

（2）购买力风险：房价/人均可支配收入、房价增长率/收入增长率；

（3）供求风险：施工/销售比例、竣工/销售比例。

第五次筛选：城市群及城市的进入性条件。

促进城市群发展的五大主导因素：外向型经济、产业集群、交通便利、自然环境和社会环境优美；

有利于城市进入的四大关键要素：合理的地理位置、合理的地价、合理的竞争关系、足够人口流入量。

第六次筛选：成功经验借鉴。

成功项目复盘，内在的优点和不足，外在的长处和短板。

落地到产品线、资金链、土地资源、政府资源、项目运作能力的评估和反馈。

深入市场调研

研究市场动态：研究市场容量及城市发展方向、研究市场价格、研究客户群体的需求和消费心理；

研究产品迭代：研究竞争对手的产品、研究客户对产品的需求、研究自身标准化产品的竞争力；

研究绿化景观环境：研究当地最热点的城市公园，绿化环境最受认同的楼盘、调查研究客户对配套绿化有哪些需求、研究项目自身的吸引力。

加强风险控制

（1）是否为住宅建设用地，是否符合相关法律法规；

（2）地块内是否有林地、基本农田、高压线、垃圾填埋场、坟墓、军事设施、文物等，地质条件是否复杂、拆迁难度如何等；

（3）考虑永久水电、临水临电、燃气、供暖、排污管道接入等问题。

（4）如果是合作项目，还要对合作方及土地权属做尽职调查，以确保土地没有纠纷。在风险点排查的基础上，做好风险评估和应对方案。不盲目投入资金，以免陷入被动。

三、进入城市的评价标准

城市评价报告对楼盘的市场前景和盈利前景进行详尽说明，多维度分级分类，通过对供给、需求以及配状况的分析实现对特定城市宏观市场的把握和判断。

城市市场趋势评价指标

（1）新开工面积/施工面积。该指标也称开工率，是重要的前瞻性指标。新开工面积反映1年～2年后的预售供应量和2年～3年后的现房供应量，比值高低反映了市场运行状况和房地产开发企业对销售市场的预期；

（2）施工面积/销售面积。施工面积反映了1年～2年内的期房和现房供应量，比值的变化反映供求是否平衡发展；

（3）预售面积/批准预售面积。反映当前商品住宅预售情况，该指标合理区域在0.8～1，在一般情况下不应大于1；

（4）房地产开发投资额/固定资产投资额。此项指标是直接反映投资结构是否合理及其变化趋势的基础性指标；

（5）新增住宅用地可建面积/商品住宅新开工面积。该指标是表明住宅的一、二级市场协调发展的重要指标。当比值大于1时，提示开发商手中待开发土地数量增加；

（6）商品住宅价格增幅/人均GDP增幅。初步判断房价是否处在正常区间内，房价上涨的空间的大小以及购房者价格承受能力的消长；

（7）投资性购买所占的比例。是判断房地产泡沫的重要指标之一。以居住为目的的购房者居多或长期投资为主，这样的市场结构稳定，抗市场波动能力较强，而在一个房价快速连续上涨的市场里，上涨刺激了投机者的涌入，会加剧房价的上涨；

（8）房价收入比。将某城市各年度的房价收入比进行纵向比较，可以发现近年来房价增长与收入增长的匹配程度。将各城市的房价收入比进行横向比较可以反映各个城市的房价透支程度和未来增长空间的相对大小；

（9）新建商品住宅空置率。空置率是用截止到某个时间节点空置一年以上的商品住宅面积除以近三年新建商品住宅竣工面积之和。主要是体现新房供应和需求的匹配状况；

（10）租金/价格比。主要反映买房－租房的成本差，可以是本城市的纵向对比，也可以是不同城市的横向对比；

（11）商品住宅价格增幅/人均可支配收入增幅。主要反映历年来房价增长与居民收入的增长是否匹配；

（12）商品住宅价格增幅/（人均消费支出＋人均储蓄余额）增幅。指标的意义：房价涨幅高低快慢的尺度。人均消费支出＋人均储蓄余额能从侧面印证居民的经济实力；

（13）房地产开发企业贷款余额/全社会企业贷款余额。表明银行资金具体投向的指标。如果该比值过高，表示银行资金大量投向房地产市场，会过度激发房地产企业的开发热情，盲目扩大开发规模。反之相反。

四、确保房产供不应求的方法

地拿得是否合适，首先看周期，善于把握周期的开发商才能真正基业长青。

第一考虑，行业市场周期。常常从市场走势和标杆企业动态来判断周期，行业内典型的标杆企业动向往往很能说明问题，因为这些企业都不乏精兵强将。

第二考虑，城市发展周期。没有不能进入的城市，看什么时候什么价格介入，板块轮动的"城市分化"浮出水面，每个城市的发展周期已经成为投资考量的重要标准之一，每个城市已经走在各自不同周期阶段。透彻的分析城市发展周期重中之重。

核心的二线城市，经济没问题，市场也较为成熟，重心关注则在于市场存量，竞争格局，需求导向和各区域的进入策略，曾经大卖的城市，再用过往的历史数据去判断，往往南辕北辙。

比如，某省会城市与邻近区域一体化的推动，应运而生了大量的土地供应，各种炒作概念，如果一激动扎进去，短期内的资金成本压力够大的。因此即便是基本面不错的城市，也会有些还没成熟的地方，人口和经济尚未到位。有个万亿GDP的城市，面对着三四十个月的超高去化周期，依然有企业在深耕拿地，"别人笑我太疯癫，我笑他人看不穿。"周期要与自身拿地周期匹配。

第三考虑，企业自身拿地周期。企业的投资节奏关系着中长期企业发展的源动力，拿地不是你想拿，想拿就能拿，现金流、杠杆率、资金成本、去化周期、回款率都要考虑。

CHAPTER **5**

第五章　金融与出售

第一节　资金来源

一、征信问题需重视

根据2013年颁布的《征信业管理条例》，征信业务，是指对企业、事业单位等组织（以下统称企业）的信用信息和个人的信用信息进行采集、整理、保存、加工，并向信息使用者提供的活动。

征信，特别是全国大数据联网的数字化呈现，这是社会的进步。在古代，千年的农业社会，以熟人社会为主，人们的出行距离、活动半径都是非常小的，随着经济、科技的发达，特别是随着人口的迁徙，流动人口数亿人，现代社会大多数都是陌生人社会，商品的流通，在陌生人社会，大金额交易如何解决信任问题？作为社会的基础建设征信应运而生。

通过征信，可以看到主体与社会深度交往的过程和交付情况。从银行查看贷款资格，征信往往是最重要的依据之一，虽然不少银行有1~2天的冗余度，贷款逾期或者信用卡逾期依然最容易出现。多次逾期的后果，可能是利率增高，或者贷款周期变短，或者贷款资格审核不通过，所以我们要重视征信问题。一般来讲，连三累六（连续三次逾期或者累计六次逾期）的记录会导致按揭受阻。

从银行按揭贷款，可能是各类贷款中利率最低、时间最长的一种贷款了。维护一个人的信用，像维护个人的声誉一样重要。

二、信用卡金额高低

每个人呈现在银行系统当中，是一系列属性的数字化呈现，给出一个"综合评分"，决定了在银行的审核和授信情况。影响综合评分的有以下核心要素：

（1）个人资质方面：比如年龄、工作单位性质、职务职级、个人打卡收入、社保基数、公积金基数、个税等；

（2）个人资产方面：比如活期现金、资产证券、定期理财、房产、车产等；

（3）征信查询：主要是指机构查询频率和次数；

（4）征信信用：主要包括信用卡、贷款使用记录；非银行贷款；是否逾期等；

（5）征信负债：主要包括贷款负债、信用卡负债、是否有帮别人担保等。

个人资质决定综合评分起点的高低，机关单位、事业单位、国企央企、500强企业，这些单位在银行会有额外的优惠政策，尤其是信用类贷款。利率更低，年限更长，审批更简单。

个人资质的提升，是提升融资能力的基础，必须持续努力。不管是申请信用卡还是信用贷款时，尽可能把所有优质证明都提交。

三、信用卡的日常消费

信用卡越来越成为年轻人的常备品，高效的小额无抵押无担保贷款，是一种金融创新，在中国大规模推广也就是十几年的时间，到2018年时，信用卡达到6亿多张，根据城市级别、企业类型、工作岗位、工作收入、工作年限、学历、性别等众多维度，授信额度差异较大，从几千到几万、几十万不等。

笔者身边朋友可以达到一两百万的资金额度，如果有朋友圈子，十几个人可以达到千万资金额度。但是每个人对信用卡的理解，差异巨大。信用卡主要是日常消费，比如，线下扫码支付、网络支付等，还可以获得积分，积分还可以兑换物品。有的年轻人控制不住，疯狂消费，远超自己的还款能力，往往会分期还款或还款最低额。利率较高，资金成本较高的一切贷款方式都是不可取的。

我们知道信用卡是不允许购置房产的，哪怕你有三五百万的信用卡额度，也是望洋兴叹。对于信用卡的管控是比较严格的。信用卡就是用来日常消费的，不是用来购置房产这种大资金项目的。直接刷信用卡来买房是不允许的。在此提醒。

四、信用贷的使用

信用贷目前也是各大银行广泛开展的项目，即仅凭借款人的个人信用发放的没有抵押物的、用于借款人日常消费的信贷产品。办理方式有多种，有的在柜台客户经理办理，有的是银行自有APP渠道即可办理，并且有部分和使用场景深度融合，比如买车、装修等单项消费。

信用贷根据授信人的资质往往都是在一年到三年为主，个别会达到五年，还款方式有先息后本，有等额本息。对城市级别、收入和负债等因素综合考量，一般上限在20万～30万。如果是装修，房产面积较大，信用贷甚至可以达到50万，具体要看城市。

房贷往往是大额度长周期低利率，所以要比信用贷更为严苛。如果先办理信用贷往往会影响房贷（住房按揭）的审批，防止信贷资金流向房市。如果有各项日常消费，也是在房贷批复之后，才可以进行信用贷的申请和使用。不要小看自己的金融力量，通过对信用卡和信用贷的了解，对于金钱的理解更上一层楼。

特别是三四线城市，进阶到一二线城市的伙伴，家里没有太多的积蓄。

不要因为几万、几十万的压力彻夜难眠，丧失购买房产的信心，我们一定有办法可以解决的。合规、合法、合理、合情。俗话说，"一分钱难倒英雄汉。"然而，"山重水复疑无路，柳暗花明又一村"。

第二节　资金使用

一、首付不够怎么办

如果年轻人有稳定工作，单位缴纳五险一金，在买房上，往往会低估自己的实力，正如人常常妄自菲薄，觉得自己不如别人，其实从单点思维维度上讲，每个人都不弱的。

关于首付这个环节，除了自己的积蓄外，还是要把四个钱包用起来。很多时候，我们年轻人觉得难为情，父母供养多年，再伸手要钱买房，于心不忍。这是我们年轻人普遍遇到的心理。年轻人一年的收入，可能抵得上父辈多年的积蓄，时代的变迁，让父辈的积蓄悄无声息被封存。

借助买房的机会，处理好家庭关系；咬咬牙，除去必要的开销后，凑齐首付。做儿女的要把优良传统美德发扬好，省吃俭用，尊老爱幼。在我接触的客户中，很少有因为按揭贷款的月供还不起，而卡在首付上，所以想尽一切办法可以筹备低成本的钱。现在有第三方机构协助梳理从哪些渠道可以借到钱，有真有假，网络小额贷款是要避免的，希望大家能够辨别清楚。我们了解的信息越多越全，就越有信心可以筹集到首付。

二、贷款 5 年还是贷款 30 年

核心概念，针对我们个人来讲，按揭贷款的周期短还是长好呢？我拆解一下这个问题：针对这套房产，若是有资格能贷款30年，那么我一定有资格贷款到5年；但是我有资格贷款五年，但是未必能有资格贷款30年。一句话，长期比短期贷款资格更为珍贵稀缺。若是按揭贷款5年，我必须要在5年之内还清；贷款30年的房子，我可以在5年内结清，也可以在10年内还清，也可以在30年内还清。

通过绕口令式的描述，我们知道里面的奥秘和规则，长期贷款给了更多的选择性，给了你更多的机会。而贷款时间越短束缚越多，你的选择越少。结论是：能贷多长就贷多长，有钱了可以选择提前还款，利率随之减少。

我所强调的是，住房按揭是人生为数不多的、可以将资金借用25～30年的机会，这是政策给我们的利好。很现实地讲，如果和身边的亲戚、朋友或其他任何机构说我向您借款，30年陆续还给您，对方大概率让你有多远走多远。请各位读者要珍惜自己的第一次。首房首贷机会，不要随随便便用掉，一定要用好。这是普通人最大的资源之一。

三、等额本金还是等额本息

常规在银行贷款，有两种还款方式，一种是等额本息，一种是等额本金。哪种选择更好？先解释一下：等额本金还款，每月偿还的本金是固定的，另外加上应偿还的利息；等额本息还款，每月还款额是固定的，已经包含了每月应偿还的利息及本金。

看着挺复杂，这两者什么区别呢？等额本金，本金保持相同，利息逐

月递减，月还款数递减。这种还款方式相对等额本息而言，总利息支出更低些，但是前期支付的本金和利息较多，还款负担逐月递减。等额本息呢，本金逐月递增，利息逐月递减，月还款数不变。等额本息又称为定期付息，即借款人每月按相等的金额偿还贷款本息，其中每月贷款利息按月初剩余贷款本金计算并逐月结清。等额本息还款法支付的利息要高于等额本金还款法。

作为个人，选择哪种呢？从自身的安全性和低风险度来讲，优先选择等额本息还款法。因为在接下来的三年到五年之内，如果有"暴富"或者"闲钱"的情况，那可以提前还款；如果还是一样的收入状况，那么压力也比较小。而等额本金还款法对现有资金和收入的要求，相对是比较高的。一些人比较稳健、传统，可能优先选择等额本金还款法，利息会少一些；另外资金比较丰厚的个人，放于他处，还不如买了房产。

还有部分人考虑，刚开始先贷款，当交房后拿到房产证没风险了，再把款全部还上。这也是一些大众朴实的想法。每个人的情况有所差异，对于金融、资金、利息的看法略有差别。在这里，我只是略作点评和分类，不做优劣好坏的判断。因为毕竟每个人的过往经历是不一样的，对于有更多希望、努力奋斗的年轻人来讲，等额本息还款法可以承受更大的月供，会买到更大的房子。

四、要不要提前还款

当探讨这个问题的时候，首先恭喜您，说明目前手上已经有一部分资金，少则几万，多则几十万上百万。是否有必要提前还款，需要进行衡量，从银行所借资金的成本利息，是不是有更好的去处。如果你百分之百相信，那么你不要提前还款，资金可以有别的用处；如果说投资风险比较大，或者你是风险厌恶型，房贷提前还款，也是非常英明的选择。

还有一部分人，随着时间的延长，可能会给老人或者自己的孩子再买套房，这是刚需，所以不会提前还款。这是比较设身处地、务实的回复。我们从老一辈父母角度出发，一般是希望提前还款的。贷款有压力，有利息支出。如果从政府角度来讲，在降杠杆的时候，希望你提前还款；如果是刺激经济加杠杆，鼓励消费，那么是不希望你还款的。作为银行一方，如果经济处于上行阶段，希望你提前还款，可以把资金更多次贷出去，因为银行业有储备金制度约束，贷款和存款是有一定比例的风险管控的。再具体到个人，如果化钱大手大脚，那么您的家人是希望你提前还款的。综上所述，每个人的情况有所差别，看您的实际情况，要考虑这些点，不要人云亦云。强调一遍，房贷30年低利率，是人生中为数不多的机会，之后几乎再也没有机会了。

第三节　出售

一、出售时机

从买入到售出，也是存在着一定的人为或自然周期的。分为季节周期、城市周期和特例场景。

季节周期：春天播种，夏天施肥、除草灌溉，秋天收获。这是大多数四季分明的区域农作物的时间周期。春天投入一颗种子，秋天收获一把粮食。从季节上讲，也存在局部的小高峰和低谷。春暖花开（三月到六月）或者秋收季（九到十一月份），这六个月时间，是房产带看量和成交量最高的阶段。因为天气不冷不热，心情爽朗，更愿意出门看房。物以稀为贵，看房的人多了，业主或开发商心理期望值高一些，心理价位自然高一点。冬天特别是年前价格是最低的，一是出来看房的人少了（需求量减少），另一个是年底结算付款的契机，房产兑换现金（供应量增加），这时候对卖家并不友好。

城市周期：常规来说，人口净流入的城市，四年到八年为一个周期，源于城市级别，源于政府宏观调控，源于人口流入速度等综合因素。快则四年，慢则八年为一个周期。

特例场景：经纪人或售楼顾问，往往集中带看，将众人聚集到一起，集中带看，有助于渲染氛围，提高客户对房产的关注度和紧迫感。

二、如何卖个好价格

此小节主要涉及客户群体的遴选和房子的包装。虽说买房和卖房也都是缘分，要考虑眼缘，也有技巧。在卖房环节，如果说是一楼，特别是带小院儿的，老年人会比较喜欢，因为更接地气，进出就方便多了，带孩子或喜欢花草的也喜欢，可以种绿植。

带看之前，家里要进行收拾，地面要干净，所有的家具一尘不染，杂乱的东西一定要藏起来，灯光要全部打开，给人感觉窗明几净，心情愉悦。厨房、餐厅、卧室、书房、卫生间，井井有条。

如果是老物业，墙体比较脏乱，为了有个好卖相，周期短，甚至还要考虑到简单的粉刷，特别是针对高价格的房产。夏天开好冷风，冬天（如果北方的话要开暖气）做好换风，保证没异味儿。

有一些老房子楼层比较高，有五到六楼，但是没有电梯，偏体力劳动者对于这样的房子接受度会更高一些。

总结：只有大城市才有房地产，准确来讲，只有人口净流入的城市，房地产价值更高。三四线城市没有二手房市场，不是没人要，而是价格低，交易周期长。

三、房产买卖时决策的场景

我们具体做买房决策时，对于为数不多的机会，往往瞻前顾后，一辈子的心血集中花费在百平方米的建筑上，压力是难免的。

在做决策时，三个考虑因素缺一不可，一是具体场景（历史、背景、希望），二是决策模型（思考过程、影响因素、取舍逻辑），三是个人偏好（性格喜好、风险承担等）。以决策模型为主，兼顾具体场景和个人偏好。

　　抽象一点，任何的文字、政策或者建议，全面性（决策模型）、场景性（具体场景）和精准度（个人偏好）三个方面一定是有侧重点的、有失偏颇的，三方面最多占据两方面，而绝非三者全部占据。

　　我们的决策过程应该是：听多数人说的话，听少数人的建议，独自做决定。有多少种影响因素，有多少种可选择方案，有多少种路径步骤，每一种选择和搭配的风险利益得失，我们需要悉数列举。作为成年人，所有的荣辱和得失都要自己承担。

　　为了方便理解，举个例子。每家企业都有规章制度，但是为什么执行起来有难度？不是制度不好，原因有二：第一，规章制度是以管理团队为核心，在某一时刻制定的制度，其背景、场景根据时间已经发生变化；第二，每个员工是活生生的人，每个人有喜怒哀乐，有性格偏好，有工作能力差异。本书除了讲决策模型（类似制度形成逻辑），也会对具体场景合并同类项后进行描述，对个人偏好略有提及，希望可以感同身受，有利于做出科学、精准、不后悔的决策。

　　选房是个从大到小的逻辑，从区域到具体的项目、户型，越细微的地方越能体现差异化，也正是这些差异化，决定了楼盘的匹配度，影响最终决断。不了解全貌，不给予方案。

第二篇

来自心灵的困惑

第六章　溯本求源

第一节　容易起歧义的词语

一、真的买不起吗

先说结论，买不起房是假的！因为中国有近三百个地级市，两千多个县级（市），里面有很大比例是买得起的房子，比如知名城市鹤岗等。但是你不能买！为什么？因为"职住分离"——你在大城市才能找到工作机会，高薪机会，小城小县小镇提供不了这种赚钱和改变命运的机会。

大城市的房子确实是奢侈品，从古至今，大城市都不能保证人人都有一套房产，"大庇天下寒士俱欢颜"的杜甫最终住进了"草堂"。从世界历史范围看，最先开启工业化、城市化进程的英国最先遇到了"工人阶级住宅短缺问题"，人口短期内涌入，会导致住房供需不平衡的自然结果。

个别人会讲，是多套房子的人或炒房的人抢了没房人的房子。这句话要多读几遍，换句话，胖人抢了我的脂肪，所以我才这么瘦！其实这是典型的静态思维，而我们要用立体思维和动态思维去看待事物。

首先，我们所在的城市未开发的土地还很多，不要太着急，有轻重缓急顺序；其次，我们很多城市的房价很低，比如直辖市重庆，比如省会城市长沙，都是GDP过万亿的城市。其实不是房子空缺，而是大多数人希望去繁华的消费性城市。正如下雨，总是有第一滴落地的，然后陆续打湿地面。

我们国家提出，要让公民"居者有其屋"，无非是时间早晚，面积大小，区位远近而已。用日常消费烟酒计算购买力，一辈子买烟买酒的钱，在三四线城市，足够付一套房的首付。许多人说自己买不起房，但是抽得起烟，喝得起酒，不但如此，烟酒还是一级致癌物。降低不必要开销，降低纵欲开销，为占据大都市一席之地而"紧衣缩食"。面对多套房产的人，也不要愤愤不平。

再延伸一下，请问六口之家（祖孙三代）三餐不过百元，万元存款足以维持三年，每增加万元是否会生罪恶之感呢？答案是否定的。正如我们绝大多数人有了十万，还想积累百万，有了百万想积累千万，正是在不确定的社会中，寻找确定性！买房不是目的，而是一个过程，不仅为求生存，更是谋发展！

二、几套房算刚需

说到房住不炒，我们看历史的长河，从古看今，有恒产者有恒心。实际上，刚需是一个很模糊的概念，因为买得起就买，买不起就不买，这个世界上没有非买不可的商品。但是在中国，房子被赋予了太多的概念：城里人、户籍、学位、医疗、教育、升值保障等。为了抢占这些社会资源，在房价上涨阶段，各种各样的需求都成了刚需。有人孩子才3岁，害怕未来买不起，就想着买一套学区房；有的人手上有闲钱，看到别人都在买，也没有更好的投资渠道，心里着急也买一套；有的人看到了更新换代后的漂亮房子，砸锅卖铁也要买。

我们要先描述一下背景，如果我们是刚毕业的大学生，从老家农村到一个城市工作生活，那么首先考虑的是一系列问题：毕业后户口放哪里？工作后搬出学校住哪儿？恋爱结婚后住哪儿？结婚有宝宝后，谁照顾并且住哪儿？宝宝上公立还是私立学校，是否有学位要排队？

大多数年轻人都是上班的，总是要老人过来看孩子。如果双方性格比较匹配，还能住在一起。如果性格、生活、饮食习惯不太一致，在经济条件允许的情况下，给父母购置一套房产，是家庭的刚需，因此若有经济实力，第二套房子也是刚需，没有经济实力，可能第一套房子买起来也比较困难。

如果双方都是独生子女，在经济实力允许的情况下，为双方老人各购置一套房产；如果双方老人还有离异的状况存在，那又要增加购房量。随着年轻人逐渐成为社会中流砥柱，特别是两个孩子的家庭，随着孩子长大，人亦步入中年，不管给儿子准备婚房，或者是女儿出嫁陪送一套房子，都需要购房。如果是跨越城市工作，比如北京和青岛各有半个月的工作时间，是否跨城市购置一套房子，作为安置身体的居所，也是刚需呢？

如何算刚需，如何算改善，这两个词语，只是从营销的角度粗略的划分消费者需求，并不是非常精准。作为企业或者研究人员，合并同类项，将一类人群的需求进行框定，进而标签化。从整体购房群体来看，这样划分就有些粗糙，需要精细聚焦，购买者的经济状况如何？几口人居住使用？对面积、户型的要求是什么样的？准确来讲，是你想满足基本住的需求，"蜗居"一般的生存，还是想让自己住得更为舒心一些，有滋有味地"生活着"。那么经济条件好的，可能认为住个二百平方米的，这是我的刚需；对于经济条件一般的，他可能想都不敢想，认为一百二十到一百五十平方米已经是非常好的改善了。所以同样的词语针对不同人，它的意义是不一样的，"一万个人心中有一万个哈姆雷特。"

任何商品价格都是有周期性的，有人会讲到风险，做生意"跑路"的能见到，投资股票"割肉"的能碰到。置业核心大都市的住宅，跑路的或者赔钱的，应该只有新闻上才有。并且价格降低往往是阶段性降价，是对无房刚需者的机会，只要高端人群在净流入，只要经济在发展，配套在完善，价值便会提升。无恒产者无恒心。大部分人很容易被眼前的现象所蒙蔽，便是房产买卖的不确定性。

三、我眼中的"房奴"

"房奴"这个词是教育部2007年8月份公布的汉语新词之一，顾名思义，房屋的奴隶，讲的是城镇居民抵押贷款按揭购房，可能要还款二三十年，可能要占用支配收入的百分之四五十，甚至更高的比例来偿还贷款本和息，有长期压力。

其实它是用静态的思维来看动态的事物。第一方面，房子所在区位周边是静止状态还是动态的，政府是否会不断地投入建设维修维护道路、公园和地铁，如果本区位高端人口净流失，产业流失，这房子确实不要买，是真的房奴；如果旁边在不断地建设，高端人口净流入，那这个房子实际上价值是有增加的。

第二方面，你的收入是否会增加？《中华人民共和国第十四个五年规划和2035年远景目标纲要》提出，要在2035年人均国内生产总值达到中等发达国家水平。这些规划，我们不能视而不见，听而不闻！整个国力在增强，收入增加，曾经的贷款本息占支出的比例会越来越低。所以这么看来，并不会成为真正的房奴，因为房产增值、我们收入的增加是可以看得到的。

成为房奴有门槛。讲完以上之后，以2021年为例，多数大都市仍然是限购限贷限售的。我们作为一个普通人，并不是每个城市都允许我们成为房奴的，比如北京、上海。针对外地人买房，往往需要有五年社保或者工作居住证或者结婚要求等，严苛的要求。如果当以家庭为单位，有了两套按揭商品住宅房之后，如若想买第三套，是无法按揭贷款购房的，因为全国范围内是限制按揭贷款的，所以想成为"房奴"也是有门槛和天花板的。

多年前笔者买一套房子的时候，父母也有这样的担忧，贷款三十年利息又赶上一套房子，花钱太多了。我是这样解释的：第一，一百万资金的话，我们从老家、从农村、从亲戚朋友能不能借到，一般回复都是太难借了，借个三万五万都不容易，更何况百万！更何况借三十年，不会借的；

第二，我们要给别人的利息是多少。我们在欠人情的前提下，至少要一分吧，房贷利率是不欠人情的前提下，只有年化5%～7%；第三，我们仔细计算一下，我们从银行按揭贷款30年（等额本息），相当于从亲戚朋友借款年化7%左右，并且只付出利息，不需要还本，三十年后，利息还完，还款结束；第四，如果后面我们收入提高了，也可以提前还款，就没有那多利息了。综上四点，算下来贷款确实合适啊，因此笔者想强调的是，如果您选的城市区位、商圈、时间点没问题，成为房奴，我衷心地恭喜你，你将享受城市发展的红利。如果你选的城市、商圈、地段、小区存在很多瑕疵，成为房奴，我真诚地同情你，辛苦了，要继续为城市的经济托市。

四、房地产泡沫

什么是泡沫呢？我举个浅显的例子：取一个杯子，放一些肥皂粉，然后注入清水，搅拌后会产生肥皂泡，从杯子上面看，我们往往是看不到清水面高度的。当然了，我们喝啤酒的时候，也会产生泡沫。这更好理解。

从经济学的角度讲，水面就是真实的房价水平，搅拌的过程就是人为的炒作，肥皂泡是虚高于实际水平的泡沫经济。如果是啤酒沫，其回落会提高啤酒的平面。

房地产泡沫有两种理解，第一种是房地产价格在一个连续持续上涨过程中，使人们产生价格会进一步上涨的预期。第二种是房地产价格存在巨大虚假成分，类似"郁金香泡沫"或"击鼓传花"的游戏，最终无人接盘。第一种理解是人的习惯心理使然，我们不予置评。第二种理解，我们要仔细拆开讲，因为房产是一个家庭最为贵重的消费或投资，不可不重视，会影响决策。

先说结论：限购限贷限售的城市大概率没有丝毫的泡沫，挤干净的过程，也是房价坐实的过程。

第一种解释：大都市房价没有泡沫，是因为没有"肥皂粉"也没有

"搅拌力","肥皂粉"是"投资资金"和"炒作资金","搅拌力"是宽松的信贷政策，房价上涨的舆论预期。不限购不限售的城市或许有泡沫，但是由于全国"限贷"，泡沫也非常少。

笔者将中国家庭依据消费划分出了五种类型，命名为贫困型、蚂蚁型、蜗牛型、稳妥型、享乐型。稳妥型是中等消费的家庭，享乐型家庭有车有房的比例很高，各项消费品的拥有比例以及各项消费水平均很高。稳妥型和享乐型家庭剩余的钱干吗？买股票？买基金？买保险？还有呢？买了房就可以持续分享城市发展带来的资产升值好处。国际经验表明，年轻人收入的增加，使年轻人普遍在10年～12年还清贷款。

房子的价格变动有个规律：人口涌入越多越涨价，房子盖得越多越贵。房价并非取决于地段的绝对价值，而是取决于相对位置、配套和环境的投入程度，人口涌入和资金堆砌的相互作用。买房者考虑更多的是距离快速轨交站点的远近，沿着地铁线买房子，还是相对保险的。我国绝大多数城市的综合承载力还不够充分，以地铁、城际为标志的基础设施建设还有较大提升空间，特别是中小城市，有巨大发展空间和潜力，城市化进程尚处于加速期。

第二种解释：准确来讲，纯市场经济下，房地产会存在泡沫多少的概念。但是中国的房地产市场不是纯市场经济，从一级土地，到土地的招拍挂，都有严格的政策约束和保护，再到了后期，比如限购、限售、限贷、竞自持、竞租赁等眼花心乱的政策。中国的房子也不是纯商品，也是政府给广大民众的"福利产品"，如果纯商品，那么价格远远比今天贵得多，为什么？因为任何国家都有贫富分化，为了确保低收入者能安居乐业，防止高收入高财富人群利用手头闲散资金炒作房价（前文提到的限购限贷限售便是利器）。因为房子捆绑了户籍、教育、医疗等众多属性。有钱也不允许购买，不允许网签，这是政府出台政策给无房户争取机会和空间。

中国整体上，全国性的城市化进程还要持续较长时间，有的地区人口净流失，这样以住宅用地作为属性的所有的东西，价值会降低，价格可能会降低。相反，人口净流入的地方，以住宅用地作为基础的必需品受影响大的，价值自然高涨，所有附属物的价格也将大幅提高。

总结：人口净流入的区域房价，总体趋势是长期看涨，短期有涨有跌；人口净流失的区域房价，短期内有涨有跌，总体趋势长期看跌。

五、投资与投机

其实是一个学术用语，但是在我们日常生活中聊的也会比较多。"投机"这个词，总是与投机倒把、投机取巧这样的词连在一起。当我们看一项投资是投机还是投资，往往难以分得清楚，同样的买入，对于有的人来讲，从他的心理认为是投资，对外人来看是投机。由于无统一彼此认可的标准，两者边界不清。

投资和投机从解释上都是为了追求利益，满足市场空缺，获得一定的投资回报率。投机呢，更多讲的是时间较短和信息考量不充分，赌性较大；那么投资呢，更多考虑是时间较长和信息考量充分，确定性更强，但是时间长短是相对的。

具体比如说，像我们买股票算是投资呢，还是算是投机呢？持有多少年算是投资，持有多少时间算是投机呢？那买彩票是投资，还是投机，还是消费呢？那买房产是投资呢还是投机呢？

我们对投机的常规理解是抱着侥幸心理，往往是和深思熟虑、稳健思维相对应的。如何判断呢？到了微观具体的一个事情来讲，往往每个人都希望尽量少投入，尽量低的风险，尽量大的回报，只是在众多前提和束缚下，因为每个人的认知和对于事情前后顺序、重要性、行业竞争的了解信息有偏差，就会导致结果和动作的截然不同。每个人都希望自己相对稳健，哪怕第三方认为某项买入或者卖出动作是投机行为，而本人可能认为是在投资，所以它存在角度和事情难以分辨的混沌状态。

正如个人的第一套房产是投资还是投机，家庭的第三套房产是投资、投机还是消费。正如买股票，第一万股算是投资，第三万股就算是投机了吗？换句话说，投资与投机，与房产第几套没有关系。一样的概念，股票可以长持，房产也可以长持，并且往往房产的寿命比股票所在企业的寿命还要长。我们就事论事，把这个事情掰开揉碎，分析房产，家族单位的第三套第五套是投资是投机已经分不清楚。关键是我们在买定房子时的标准和参照物是否清晰明了，是否达成共识。我们对房产认知的颗粒度、深度、广度、结构和边界尽可能地了解之后，我认为买房就不再是投机。

六、如何判断刚需盘、改善盘与文旅盘

第一类回答：针对小白，判断最简单的方式：在市区范围之内，一般来说，如果价格比市场均价要低，就是刚需盘。如果比均价要高，就是改善盘（政府限价，另当别论）。如果在近郊，有可能是刚需，也有可能是改善。要看他的户型和容积率，如果户型大容积率低就属于改善品质，如果户型偏小容积率高，总价低就属于高需品质。

如果在远郊，同时无产业支撑，以文化旅游为核心卖点，大概率文旅盘，大概率容积率是低的。具体来讲，文旅盘有可能户型大，有可能户型小，有可能容积率高，有可能容积率低，不一定。要看他具体的设计和具体的某一期，文旅盘往往是5年到15年大盘。不同期设计略有差别。

第二类回答：学以致用的讲解，三类概念是什么，怎么分辨呢？

（1）如果楼盘核心卖点是位置好，学校、商业、医院、产业等配套成熟，容积率低，主力户型在三居四居甚至别墅，那么定位为第二套或者终极改善，属于改善型楼盘。

（2）如果位置变差，有配套但是条件变差，容积率提高（楼密度增大），户型面积变小（以一居二居为主，三居为辅），楼盘品质属于基础类，往往是年轻人首套房，称之为刚需楼盘。

（3）文旅的核心特点是远离市区（位置角度），配套不完善（只能退而求其次，以文化旅游等自然或者文化景观为卖点），整个区位属于重新造城

而形成。

（4）在改善楼盘之上，还有一类称之CEO盘，位置、容积率、物业费、各种配套堪称顶级，除了贵，往往没有其他缺点，这类楼盘一般是针对高级管理者、企业主、文化界、娱乐界等各行各业顶级人士准备。

位置上：CEO盘＞改善盘＞刚需盘＞文旅盘

环境上：文旅盘＞CEO盘＞改善盘＞刚需盘

市场供应量上（大多数城市）：刚需盘＞文旅盘＞改善盘＞CEO盘

市场供应量上（中小型旅游城市）：文旅盘＞刚需盘＞改善盘＞CEO盘

有一些楼盘可以精准地划分为以上4类，但有的楼盘呢，它又属于两两结合，不是那么典型，比如像刚改楼盘，比如一些城市子中心近郊的文旅盘（同样位置，对于有的开发商，它属于刚需盘和改善盘，但是它对于有的开发商就属于文旅盘，缘于拿地面积不同，开发周期不同，土地整体规划不同等）。这种分类是从楼盘的卖点和客户群体的匹配性来划分的。

第二节　影响房价的若干因素

一、房价收入比

有种舆论盛行：房价高收入低，即房价收入比极高，老百姓买不起，房产泡沫严重！那么我们就聊聊房价收入比较高的概念，顾名思义，是住房价格与城市居民家庭年收入之比。

第一层回答：根据消费力划分出了五类家庭，分别为贫困型、蚂蚁型、蜗牛型、稳妥型、享乐型。不同的家庭收入是不同，房价收入比，正如您和国内顶级篮球高手"姚明"的平均身高，能说明什么呢？哪怕全国平均身高、城市平均身高、性别平均身高和历史过往数据的对比，只能说明营养和生活条件变化，对于我们个人指导意义不大，不会因为整体变高了，而个体就受影响。

商品房的全面发展才二三十年的时间，我们房价收入比较高是和二十年前比，还是十年前比？还是和五十年前比呢？无人回答这个问题。

第二层回答：房产存在时空的动态概念，今天所提的"收入房价比"是讲今天的收入对比今天的房价的静态概念。市场还有巨大的存量市场，比如某一套是五年或者十年前买的，价格只有今天房价的20%～50%，而收入却比五年十年前翻了一倍三倍甚至五倍，当我们针对这套房产计算的时候，如何计算房价收入比呢？进而，众多不同时期买入、不同收入变化的买房人，现在静态的收入房价比如何计算呢？

正如红橙黄绿青蓝紫不同颜色的墨水，混合在一起，是什么颜色？黑色！红橙黄绿青蓝紫等不同颜色的光线，混合在一起，是什么颜色？白色！显而易见，汇合后的白色黑色与个体有一定的联系，但是关系不大，不具有指导和辨识意义。房价收入比也是如此。

第三层回答：一个高收入的人回到二三四线城市，对于他个人来讲，房价收入比还是蛮高的，买起来不吃力。一个偏低收入的人在一线城市，对于他来讲，买一线城市的房子，房价收入比是极高的，要么面积小，要么位置偏，要么买不起。因为家族传承，因为公司上市分红，因为各种原因忽然获得大笔财富的人会忽然从一个房价收入比较高变为房价收入比较低的群体。

第四层回答：市场经济中的价格是相对来讲更公平的。如果各种管制，提高房价收入比，让鹤岗和北京的房子一样贵，这让鹤岗人民如何理解，如何看待？北京的常住人口就不是两千万了，远远超过政府的调控指标了。

总体上看，越是富裕地区，人口涌入、商业繁华、贸易兴盛，房价收入比越高；越是相对贫困地区，房价收入比越低，人口流失，经济疲软，百姓购房越吃力。房价收入比，国家之间没有可比性。房价与收入没有太大关系，与供需结构有关系。你所生活工作的城市，人口净流入增减如何呢？房价收入比如何呢？能说得清楚吗？

二、房价与租金

有一种舆论，现在租房子多便宜，不超过买房子贷款的利率，想换哪一套就换哪一套，不如租房子！简明扼要地回答，这种舆论在一定情况下是正确的，在什么情况下呢？是人口净流失的中小城市。

第一层回答：如果城市人口净流入，城市经济在增长，人们收入在提高，市场预期未来房产会升值，那么这种预期会推高现在的房价。但这样的预期很可能没有体现在当前租金的上涨上，于是房价与租金的比值就会上升。

第二层回答：如果城市人口净流入持续很多年了，现在算起来房价租金比很高，但是如果这套房子是十年前买的，你会发现房价房租比很低很低，甚至房租完全可以覆盖月供或者银行贷款利率。

第三层回答：缴纳租金后享用的是居住权，房产还有众多其他优先权利，比如落户、上学（除了义务教育，还有读高中及高考）、装修，以及出售权、出租权、抵押权、赠予权、继承权、居住权，等等。年轻的时候可以暂时不考虑，如果一旦成家立业后，就要考虑准备更多了。

三、城镇化与城市化

城市的狭义只含市不含镇，广义含市又含建制镇。城镇的狭义含市和建制镇，广义含市、建制镇且含集镇。城市和城镇是相对词语，原本是县城到了省会往往称进了城，省会到首都北京，往往认为这才是大都市。

"城市化"的本质，社会的经济重心逐渐从农业向工业和服务业转型的过程中，形成人口高密度聚集，聚集后的城市更有利于发展复杂工业和高级服务业，在城市里生活的人容易获得较高的工资收入，也比较容易获得高质量的服务（比如医疗、教育等），进而享有较好的生活质量。越是高级别的城市，工业越复杂，服务业越高级。

全球城镇化的发展往往遵循一定的规律：第一阶段主要是农村人口向中小城镇转移和集中，可称之为乡村城镇化，此时城镇化率一般在30%以下；第二阶段乡村和中小城镇人口向大城市和超大城市转移和集中的过程，城镇化推进到以大城市为主导阶段，城镇化率一般在30%～70%。第三阶段城镇化率在70%以上，大城市特别是超大城市中心区人口向郊区或者农村迁移，亦可称之为逆城市化。与此同时，还存在着持续的动态阶段：超大城市人群相互之间流动，超大城市人口所在都市群内部流动。2019年底，中国的常住人口城镇化率是60.6%，户籍人口的城镇化率更是只有44.38%，正处于城镇化发展的第二阶段，城市化发展应该以大城市为主导，进一步开放大城市^①。

四、中介是不是骗人的

先直接回答：中介是正规职业，大多数中介极其敬业，但是也会说个别善意或恶意的谎言，可能是为了成交，或者是专业度不够，或者是竞争对手无所不用其极。城市越大，竞争越激烈，会逼迫中介成长，谎言比例变少。众所周知，生病了身体不舒服了要找正规医院，不能信发小广告的！房产动辄几十上百万，家庭多年甚至一生积蓄，要么找品牌经纪公司，要么找大开发商！要相信口碑和品牌！

全国各处的房产经纪人和置业顾问，大多没有科班出身，随口问问绿化率、绿化种类、容积率、得房率、外立面、面宽进深比、楼间距、采光时长、物业费等，一半以上都说不全。现在的现实是，一二手房联动，开发商通过二手房的房产经纪人卖一手房，部分经纪人甚至连实地考察都没有，户型优劣势更无从谈起。

多数置业顾问连培训材料（或者楼书）都背不全，行情好的时候，阶段性供不应求，买房者众多，甚至是排队的，总会有一些单子的；行业不好的时候，阶段性供大于求，专业度弱的经纪人往往各种销售套路用起来了，容易让买房者"受伤"。虽说请优先选择品牌！品牌内部也是良莠不齐，比如一部分经纪人是带着客户跑遍全城，看遍所有项目，不做分析，不做解读，只是一个带看工具。社会存在2/8或者3/7定律，极好的经纪公司和开发商只占整体的20%或30%，也有极差的占比20%~30%。其实大家讨厌的是态度不好或者不专业的房产经纪人或置业顾问，喜欢夸大其词或

---

① 中国经济网，2020,2,28.

者缩小危害。

典型的七个陷阱：

（1）虚报价格，比如开发商的底价是500万，你从不良中介得到的信息永远是98折，优惠10万。

（2）虚报地址，比如北京单价8000元/平方米，原来是在保定的涿州或者廊坊的永清。

（3）虚夸贷款资质，比如有正在还贷款的住宅，又买住宅，得到的信息是按照首套来按揭贷款。

（4）增加后续收费，比如资质审核费、代办费等。

（5）虚假房产产权性质，比如是商住公寓，改说是大产权住宅；比如说是无房产证的回迁房说是永久产权的住宅，等等。

（6）虚假返佣，比如说成交后，会给你5万的另外返佣，最后找借口不认账、跑路的比比皆是，有读者问中介怎么找借口，比如首付说7天内交清，而您拖延了2天，比如说贷款15天批下来，但是25天才批下来等，众多原因。

当"狼来了"成为常态，将会给买房人错误的信息，反倒错失良机。如何避免羊群效应，具体来讲，带看量，带看转化率，开发商的库存和去化率这些才是置业顾问协助买房人分析的，不要借着某些概念和规划炒作房产，而是低价入市。切莫追涨杀跌。

在此奉劝：好房子是好羊肉，各类优惠是葱花。好羊肉是关键和核心，千万不要聚焦于葱花的多少，而放弃了羊肉的分辨，同时想想葱花的提供者是否靠谱可信。房子往往是大多数人一辈子的心血，会联系多个中介人员，而中介人员千千万，如何获得靠谱的，不仅仅是依靠您的雪亮眼睛，更是缘分。

在此强调：买房不容易，螳螂捕蝉，黄雀在后，您背后的黄雀是哪个？或许是买房过程及结果更强的确定性，或许是心理的"贪""嗔""痴"三念在强烈影响你的决策和情绪。切莫捡了芝麻漏了西瓜，全国有多少买房后延期交房的，全国有多少房源错配的，一入深坑苦似海。

五、房产税对房价的影响

有一种舆论认为房产税会降低房价。如果资金是有限的情况之下，产品一定要购买的情况下，税收越多价格越低，因为资金总量是有限的，老百姓的钱是有限的，在这种前提下，逻辑推算是没错的。

事实是钱（货币）在不断地增加，源于我们的创造力、我们的生产力、我们的主观能动性。我们生产的物品在不断地增多变好，钱也在增加。既然是这种情况，我们看现实中哪种产品，增加税收会降低了它的原价格，香烟税收在不断地增加，现在的价格有降低吗？

在全球范围内，如果商家无利可图，他会放弃这个生意，因为商家可以投资别的生意，哪个生意赚钱做哪一个。如果说商家的利润不增加，甚至降低利润，由商家来承担，这不是增加房产持有税的环节，而是给企业加税，那么对应的企业税越高，又会影响到它的购买者，价格传导到产品上面。

回到原本问题，你住房时的水费贵了，电费贵了，会影响房价吗？不会！一样的概念，房产税是使得购买者的持有成本和使用成本增加了而已。正如难道水费电费高了，房产价格会降低吗？他们之间存在逻辑关联吗？房产税的一个作用，是控制炒房原本就在下降的房价加速下降。

六、取消公摊对房价有影响吗

你认为取消公摊会降价吗？还是会涨价？我不知道是否有读者在一线城市生活过，由于垃圾分类，现在菜市场的菜大部分都是一些精品菜，把土去掉，把不太好的外表甚至皮都去掉，干干净净。你会发现菜价是涨了还是跌了呢？精品菜和未经加工的菜之间的差别，是增加了无差别的人类劳动，这部分由谁来承担？一定是消费者。

取消公摊会赠送什么吗？会提供了什么便利吗？没有，它只是一种算法而已。我们先分析一下房价会不会降的问题，那么要看根本，会影响房子的价值吗？物理属性和周边配套都不会影响，对价值不影响！它对价格影响最多的是情绪，除非会有相关配套的政策，比如我们的物业费、取暖费，房价会有一点点的波动，但无伤大雅。正如我们炒一盘菜，多加一点姜片，或少放一点葱花，味道会有一点点影响，但是不会影响价格。价格根本是源于供需关系。

再举个例子，我们在称体重的时候，穿着衣服和脱掉衣服称，对称量结果影响不大。所谓的取消公摊，无非不是你身体的一部分不再计算？这是一个计算方式而已。当时设计公摊时，是有意而为之，还是无意而为之，不可探寻，但是它的好处之一便是防止私人占据公共面积，因为这部分是每个人都要共同承担的。取消公摊之后，如果按照实际室内面积或者按照使用面积来计算，单单平方米使用面积的价格，相比之前计算公摊式的价格一定是要高的。哪怕是内在和外在不变的情况之下，单套总价格是相等的情况之下，因为面积小了，所以单价算起来是高了，因为面积的口径不同，但是房子还是那个房子。正如人穿着衣服称体重，穿着冬天的衣服和穿着夏天的衣服称体重有所差异。不管是怎么计算，内核是不变的。

七、出生率逐渐降低会降房价吗

这里面存在着这几个很相似的问题，全国出生人数走低对房价的影响，本省、本城市出生人口走低对房价的影响。对于个人来讲，我们不需要考虑这个因素。因为买的只是一套房子，或者第二套，个位数房产而已。

那有人会问，我发现整个城市人口出生率走低了，房价会不会跌价呀？那么我们反问，难道出生人口走高，就会对房价形成正向因素吗？粗略来讲是。人口净流入意味着什么？只要人口净流入，对房产价格就是利好。同时，如果高收入人群、高净值人群、高学历年轻人净流入，对于房价（房产价值）是重大利好。换句话说，我们不要过分去考量出生人口走低的因素。

越是大城市，往往人口出生率越低，这是世界共通现象。正是基于此，越来越多的大都市政府积极吸纳鼓励高学历人士、对社会有重大贡献人士安家落户，保持城市的人才素质和人才竞争力。

即不要看人口数量，而要看高质量群体的流入流出程度，人口净流入的城市，并不会因为整体全国不同城市的整体状况的出生率的降低，而降低房产的价值。

八、市中心的超高层会成为贫民窟

先说答案，如果整个城市人口净流入，超高层不会成为贫民窟。如果整个城市人口净流出，那么整个城市会逐渐在荒废的道路上，二手房也会越来越得不到市场的认可，没有接盘者；"雪崩的时候，没有一片雪花是无辜的"。另外义正辞严地说，中国没有贫民窟，中国顶多是有棚户区。近些年政府除了脱贫，大力做的就是棚户区改造。我想强调的是，"贫民窟"这种词源于国外。他们往往在资本主义国家。而在我国不存在这种状况。政府经济维稳，各个城市是均衡发展，中央政府做了大量的财政转移支付。

详细来分析：第一，超高层建设成本比小高层要高得多；第二，所有超高层的建设都是选取有实力的开发商，都是接近于地标性的建筑；第三，是源于土地有价值、土地珍贵，才有批准；第四，是源于周边配套完善，所以才会建设规划超高层；第五，中国我们有完善的维修基金制度及物业管理制度，甚至政府还有相关的补贴，会保持它的形象；第六，市中心不断的积累沉淀优质学校、优质医院，还在持续绽放着生命力，所以市中心的房子价值不会降低，超高层也不会降低，也就不会成为贫民窟（电梯是工业化产品，会越来越便宜，相比房子也不贵）。但是也有个别案例，如果说地方财政不景气，物业管理不到位，那么可能会存在脏乱差的状况，但是仍然不会是贫民窟，特此说明。

第三节　关于趋势的判断

一、房价能降低多少

如果外在环境没有任何变化的情况之下（静态角度），房价每年都应该会降一点。为什么？因为房子在变老，小区在变陈旧，但是发现好像现实并不是这样的。不少地方房子过去的十年、二十年翻了五倍、十倍，那是因为真实世界是动态的。即环境在变化，比如人口净流入，好的学校、医院、公园、地铁在建，好的企业在迁入或扩张，有新的行业像雨后春笋般迸发出来。不光是人口在净流入，而是精英、骨干、白领人口在净流入，还有通货膨胀在持续。

任何的配套增加会引起价值的增加，任何的配套减少会影响房产价值的降低。但是当有正向有负向变化的时候，正负相抵后看哪方力量大，类似拔河。如果是购买条件的严苛，比如限购限贷，它会影响房价的上涨，甚至导致下跌，但是并不会影响房产价值。正所谓房价围绕房产的价值上下波动。严苛的金融政策、宏观调控，会让房价下跌，这是一定的。只要存在通货膨胀，只要地铁、高铁继续建设，只要人口在净流入，房价早晚会有恢复到房产价值的那一天。

中国几千年来典型的观点认为：物价不会发生巨大变化，货币贬值很少的，尽量不要借钱，千万不要用杠杆。中国的传统是喜欢土地，喜欢大家大院，房价一旦涨到比较高的价格，哪怕降价低于30%，也是不会轻易卖的，会自然护盘，民族特性使然。欧美发达国家首付比例都在5%～20%，中国可以说是全球首付比例最高，贷款要求最苛刻的国家之一，安全系数最高的国家之一。

我们想象一种极端现象，如果我们今天的币值瞬间扩大十倍或者缩小到十分之一，比如说我们猪肉20元/斤，忽然变成200元/斤，在国内的内循环中，所有的物品同步涨十倍，收入涨十倍。绝大多数老百姓没有任何的感知，那么我们对外的汇率也是同样的缩小或者扩大十倍，虽然这是一种推演和想象。当我们以更大的时空维度去看，对于价值价格会有更全面的认识，希望大家能够用系统思维去观察判断。

二、货币会不会贬值

首先我们要明确的是，货币不管贬值和增值，绝对不是针对某个人，也不是针对某个城市，而是整体都受影响。另外货币会不会贬值，也存在多个角度，是对国内贬值还是对国外贬值？

过去的这三十年，是祖国繁荣富强的三十年，是祖国经济腾飞的三十年。我们所有人都有实实在在的获得感，不管货币贬值与否，我们的生活条件变好了，我们的医疗条件变好了，我们的教育情况变好了，我们的生活质量提高了，我们生命的质量提高了，预期寿命提高了，这是货币在有序贬值的进程中。

如果货币不贬值，会不会出现这样的状况，不得而知。换句话说，货币贬值，我们更能买得起房吗？这种逻辑是说不通的，因为贬值都贬，增值都增。从微观来讲是本区位多少人喜欢从这里安居乐业，如果人越多，那么这个房价就会涨。货币贬值与否与房产价格没有直接关系。但是从另外一个角度，有部分群体为了避险会将资金固化为房产，起到保值作用。作为我们个人，应更多考虑房产的价值是在提高还是在降低，其价值是由内在和外在属性综合决定。

三、人口密度与经济繁荣

人口密度对应的是经济繁荣，反过来，经济繁荣自然而然导致人口密度增加，最终形成良性循环。高质量的人口，比如，高学历、高知识分子、高精尖的人才的引入又会让经济产生迭代，产生更为复杂、更高效、更绿色、更人文的经济。

表面看某一城市的经济，实际上是融入了全国产业链的分工，甚至全球利益格局当中，强化了城市的地位，形成正向循环。因此哪里人多，我们往哪里去，从中国和国外来讲，我国最大的一个特色和现象就是人口流动，这便是经济繁荣的底气。我们一个省，单山东省人口过亿，在全球范围之内已经超过全球第十四位国家的人口数量，每一个省的省会人口数量都超过欧盟许多国家首都的人口数量。

我们的人口基数足够大，大都市化空间足够，向大城市出发，向经济繁荣的区域出发，这种趋势二十年内将不会停止。

四、房价便宜了，真的好吗

宏观调控一定是基于经济的平稳持续健康发展，房地产是中国经济的压舱石，甚至是秤杆子上的那秤砣，它挑的是老百姓的安居乐业。

在笔者本科刚毕业的时候，当时的房价今天看起来很便宜，但是当时感觉很贵。我有逻辑自洽的解说，如果房价很低很低，我们大多数人可以轻易地获取，有两方面不足，首先来讲，我们就不需要过于勤奋，一天也不需要工作八小时，就能够轻易地买房。如果整个群体是这样，一定不会有利于伟大民族复兴的。第二方面，财富是守恒的，如果我们没有付出更多，没有花费更多的资金去购置房产，那么国家的财政收入是低的，银行的利润是低的，国家的财政收入低，不利于国家财政的转移支付以及集中力量办大事。随着年龄长大，又增加了第三个因素，如果房价较低，流动人口较为轻松置业，那么导致同一个家庭拥有多套房产，房产过剩的风险较大，而通过限购限贷等宏观调控，便是让购房机会尽量均等。

房价应该是真实的价值呈现，不宜过高过低，是市场均衡后的结果。

五、我们中国的房子真的贵吗

具体来讲，第一，中国房子的贵贱是和哪个国家比呢？第二，是针对谁来讲呢？是针对低收入、中等收入，还是高等收入人群？是多高等的收入人群？第三，哪套房子贵？中国房子也有上亿套，讲平均值还是讲中位数？还是讲哪个城市哪个楼盘哪层哪个户型哪个面积？我们如何获取样本？第四，我们说中国的房子很贵和中国的房子很便宜，都能找到案例来支撑。第五，中国房子的贵贱与我们个人有什么关系吗？难道我们是要把整个中国的房子都买下来，或者都要进行投资或者进行消费吗？对我们个人来讲，个位套数的房产已经是极限。

如果说中国的房子比国外的贵有什么意义呢？比如说我们和美国、日本相比，甚至美国不同的州，他们的住宅在使用的过程中税费都不同。中国的房子相比较来言，可能初次投入比较高，但是持有成本要比美国、日本、欧盟绝大多数房子都要低。

另外，中国的房子有一平方米十几万的，也有一平方米几百元的。几百元的单价甚至连建筑成本都抵消不了。正如我们有些商品，像服装类，可能最后的尾单进行处理时比生产成本还要低。另外贵贱也要看我们的民族特性，比如我们的存储率是全球第一，我们的劳动参与率、参与时长在全球也是名列前茅。勤奋的人，有储蓄的人，他能买得起。贵贱是买得起或者消费得起的一个好衡量标准。

商品房是作为一种准商品性质是由企业提供的，他们会基于成本、基于竞品、基于市场接受程度而定价。正如一元的矿泉水贵吗？对于不需要人来讲，或者说有替代品的人来讲，他觉得贵。实际场景中，对于走沙漠走戈壁的人来讲，三元五元都是可以接受的。因此不是中国的房子是否贵，而是我们买的房子周边的配套真正符合它的价格和价值吗？这是我们真正需要去了解、探讨和判断的。

第四节　关于产业链的描述

一、城市的规划

房地产是一个城市的物理骨架，也是城市的财富沉淀。

新中国成立后到改革开放前，三十多年，城市和户籍制度在一定程度上将人口固锁在小区域内，控制人员流动，考虑因素是错综复杂的。其中一个原因是：城市没有那么多产业，养不活那么多人口，无法安居乐业。产业化革命带来的工业化，带来的机械化大生产，带来的专业化分工，带来的人口聚集都是在改革开放后，使得中国有机会，深度享受了全球化市场大分工的利好。

规划哪里有产业园，规划什么类型的企业，规划土地如何使用，规划轨道交通和高速公路的建设、规划哪里有医院、哪里有学校、落户条件，等都是政府宏观调控和微观操作的结果。跟着规划走，跟着政策走，顺势而为，自然有好的体现，买房也是买的附加值，任何一项规划的颁布、实施、落地和使用，都是附加值的提升。

二、房地产的产业链

房地产业是指以土地和建筑物为经营对象，从事房地产开发、建设、经营、销售、管理以及维修、装饰和服务的集多种经济活动为一体的综合性产业。

房地产产业链可以划分为开发、运营、流通和后服务四个环节。第一，开发环节主要包括：买地（开发商）、设计（建筑商）、施工（建筑商）。包含大量的上市公司，比如万科、恒大、碧桂园等。第二，运营环节主要是利用已开发的地产通过运营产生商业价值，例如长租、短租、酒店；也包括产业地产和商业地产，比如首旅如家、锦江集团，比如万达广场、华夏幸福等；第三，流通环节主要包括房地产经纪行业，信息平台、房产中介等，将已经开发好的房子售卖出去。比如我爱我家集团、贝壳等；第四，后服务环节主要包括家居家装、物业管理服务等，比如尚品宅配、万科物业、融创物业，等等。

我们从另外一个角度看一下房地产产业链：

房子销售前：政府的规划、土地的拆迁、居民安置，进而是工程机械的进场，比如起重机、挖掘机等，所以从这类重机械的租金和销量能感受到基建类工程的兴衰强弱；再之后是建材类，比如水泥、玻璃、塑料门窗、保温材料等；再就是钢铁类螺纹钢、板材、冷轧热轧等，以及化工品，比如纯碱、聚氯乙烯等。

销售中：金融机构介入，一般是银行，操作按揭贷款；各个置业顾问和销售代理，造就了千万级人员的就业市场。

交房后：涉及家居装饰，比如厨卫地板、电气照明、家具等；还有家电，比如白色家电和小家电，换了新房子，往往还有乘用车的购买欲望，往往都是全新配齐；日常维护，有物业公司。

房子是"牛鼻子"，可以带动数十个产业的发展。可能觉得销售一套房子对经济的拉动没有多少，但是如果一年成交交付上千万套呢，比如2018年一年销售一千三百多万套。

三、房产专家的六种细分

房产专家并不是单纯指房地产专业（学科）的专家，因为房产不是表面的钢筋混凝土，不是表面的户型结构面积楼层和建筑质量，而是背后的人口流动、金融经济和财政逻辑，将其整理后，房产专家粗略的分以下几个层面，归类为术、法、道三类。

术类：

第一类，具体评判各个楼盘的性价比、配套、户型，一般是专业合格房产经纪人的主要贡献；

第二类，具体讲一套及多套房产的操作手法，偏具体流程，金融手段，一般称之为买房技巧（技能）。

法类：

第三类，讲各个区位板块的，城市规划，项目规划，配套规划及目前的落地进度，落地优势及呈现，一般是本地比较知名、比较用心的楼市专家；

第四类，具体评判各个城市、各个区位、板块的楼盘性价比潜力，一般是自媒体和传统媒体的宏观评论者。

道类：

第五类，偏重房价背后的金融、政治、财政、城市化逻辑，一般是政策制定者、研究员、学者的研究范围；

第六类，讲房产的江湖往事，一般是行业内部，人脉极广退隐江湖的老前辈或者写手。

分析：道法术三类六个能力结构里面，会有相互融合部分，但是往往难于集成于一人。比如很难有房产经纪人能熟悉金融、政治和财政逻辑，也难以对不同城市的不同板块有详尽的了解。正如学者教授难以精通于买房技巧和楼盘户型性价比分析，正所谓术业有专攻罢了。

除了以上常规六类，还有两个细分细项冠军：其一是买房买卖手续办埋，涉及购房资格、贷款资格、贷款流程、过户流程、房屋产权抵押权调查，等等；其二是贷款专家，比如按揭贷款、消费贷款、经营贷款、装修贷款等各类贷款的统筹安排，确保合规合法，利率低，能足额批贷。

以上分析，针对真实场景中的某位个体或家庭，帮其做资产配置（具体内容侧重于房产方面的选筹、购买交付、资产规划、房产买卖置换、装修租赁一条龙），这样的房产专家是极少的，甚至不同的专家的选筹标准和角度是有差异的。不动产从业者内部，共识是一个绝对稀缺资源；商业是汇聚所有人共识的最佳手段，就商业模式而言，消灭信息不对称是一种商业模式，制造信息不对称也是一种商业模式，本书的初衷便是消除信息不对称。

四、房产的价值

为什么重点强调房产的价值，当我刚刚大学毕业时，这些问题，似是而非，没有合适的人会花费10分钟以上针对一个问题讲清楚。大多数人是浅尝辄止，能讲清楚的，又不认识。十多年过去，我将这些问题需要考虑的方方面面进行整理，希望给大家更多思考的角度。以此为土壤，以此为镜子。

当我们有一定的积蓄（或多或少），会有很多商家做很多广告让你消费掉，或者是投资。反过来我们思考一下：第一，十年后，哪一种投资比今天是更有价值的；第二，消费后觉得满意了吗？你有获得感吗？还是消费后的空虚？消费完让你心情更烦躁，还是心灵更宁静？除了这种消费，还有别的方式吗？

当我放弃买房，会发现自己的钱还很多，各种娱乐可以轻而易举获得；当我放弃婚姻，发现自己时间用不完，各种聚会是可以轻松组局的。

据说世界上有两类人群：一类潇洒得像神仙一样，一类"累得像狗"一样；一种是辛辛苦苦过幸福日子，一种是快快乐乐过辛苦日子。当我意识到，凡是有积累的日子，必然会过得更加痛苦，那些"活得像狗"一样的人，往往才是生存竞争的赢家。因为我选择买房、选择结婚、选择辛辛苦苦过幸福日子。

浅层的满足靠器官的放松和被动，深度的满足依靠自律和主动。泡夜店、文身、吸烟、酗酒这些事情看似很酷，其实没难度，只要愿意去做就能做到；而读书、健身、赚钱、认真、用心爱一个人，常人看来无趣且难以坚持下去的事情，才更酷。我荒废了时间，时间便把我荒废了，在过去灰暗的日子中，不要让冷酷的命运窃喜；凡是过去，皆为序章！爱所有人，信任少数人，不负任何人！从今天开始改变。

第五节　关于个人的决策

一、像狮子王一样思考

安家置业是非常实操的行为，前面几章纵使专业知识学习再多，最终是转化到买房动作。本小节是临门一脚，需要做的是"打破大脑中思维的墙"。为什么我们首先需要打破思维的墙，很多人没有离开自己的城市，没有离开过自己的省，没有离开过自己国家，也没有离开过亚洲，"十里不同风，百里不同俗，千里不同情"，"橘生淮南则为橘，生于淮北则为枳，叶徒相似，其实味不同。所以然者何？水土异也。"

买个地球仪，查阅世界级的城市群、城市带，看看有什么规律；

买幅亚洲地图，查看国家分布、海洋、大江大河布局；

买幅中国地图，熟知城市分布和人口稠密；

买幅所在省市地图，思考省市经济繁荣和人口迁移；

买幅所在区街道地图，对比板块轮动和商圈崛起；

北方觉得南向最好，到了重庆、武汉，房屋南向和北向，价格几乎无差异；小城市觉得顶楼之上的阁楼是附属的，属于顶层不好卖的赠品，而在大城市那叫顶复（顶层复式），单价和总价是最高的。

限制我们的不只是资金和知识的匮乏，还有想象力，我们要尝试着像狮子王一样思考：当您有钱了，当您富裕了，会买什么样的房子？会遗传什么物质财富和精神财富给下一代，喜欢什么样的生活和居家环境，希望孩子生活在什么样的氛围和圈层成长。

您拥有的最宝贵财富是什么？财富是动词，是认知和智慧在现实中的真实体现。有人说最宝贵的财富是时间，是家人，是学识，是健康，是房子。据说有一种东西不用管，价值越来越大，我们称之为睡后收入，睡一觉，价值就增大了。是什么？是学识还是其他？

我们的人生是在开拓，还是在原地踏步；我们的学识是在积累，还是在自我束缚；我们的想象力与时俱进，跟进时代，还是固执已见，藏于一隅；我们从农耕时代，进入工业时代，进入交通一体化，一个省的资源，一个国家的资源都在不断地聚集，除了矿产等不可移动资源，其他人口、金融、科技、教育、医疗越来越聚集，聚到省会，聚集到首都，聚焦到国家新定义的中心城市，不可阻挡。我们确实要不断努力，但是也要考虑到时代进程，穷则独善其身，达则兼济天下。

二、我的收入会不会降

客观地看，如果您的行业是朝阳行业，同样的付出，你的收入会涨。如果你的行业是夕阳行业，同样的工作付出，那么你的收入逐渐会下降，甚至会失业。但是，哪怕在夕阳的行业里面，你努力地去开拓自己的认知，把工作做到极致，在绝境中寻找希望，在夕阳中寻找朝阳，或许会蝶变。因为我们所谓的新行业，无非就是现有行业的排列组合，或者是已有科技的大规模应用，总之是脱胎于旧有的行业，或者是旧有的产业链中的。千丝万缕的关系，不会凭空出现的。

你只要足够勤奋、优秀，注意积累和沉淀，你的收入仍然会步步高升。同时感性地表示，很多时候我们每个人都会有心智的局限性，在一家企业工作熟练了之后，总想偷懒，每当夜深人静的时候，是否会觉得怀才不遇，是否会觉得领导对自己有意见，是否会觉得付出多收获少。当我们有了房产之后，或者有了房贷压力之后，我们的戾气会被打消，特别是买了第二套房以后。

收入是源于我们对于整个公司的贡献，源于我们在行业产业链的贡献，源于我们对于社会对于群众的价值体现。同时，我们不可以忽视的是通货膨胀，所以正常来讲你的薪资也会有提升的。如果工作中带有一些不甘，其实怨恨有时是比希望还强大的力量。站在管理者的角度，人是有价值的，什么样的贡献，一定要有什么样的待遇，否则留不住人。对于个人，过低的待遇，反而降低决策成本，当有新的机会，会大胆选择，不会犹豫。是鸟儿就在笼中歌唱，是雄鹰就翱翔天空，是鱼儿就游弋水底。

综合众多因素来讲，买房子会让你更勤奋，收入更高。因为你的心态和你的生活工作方式发生了变化，不会再毛毛躁躁。反之，如果你没有房产，无法安居，岂能乐业？你内心的戾气、焦躁便会若隐若现，反过来会影响在职场中的发挥。人生的际遇在买房前后拉大了距离。房产是我们人生道路中重要的一个标志，一个心灵的港湾。

三、如何会有更高的收入

笔者不是专业的职业规划师，那么就我所见过的几十万几百万年薪的成长路径，简单的略作分享介绍。一条路，做生意，存在着太多的混沌的因素，是九死一生，说不清，道不明。从成功企业复制的方法论往往在新的企业未必能成功，正所谓只有时代中的某企业，没有某企业的时代。我们大多数人没有高学历高知识高专业技能，而进行的产品制造往往供大于求，除非向高科技产业进军。只有快速流通类的生意有较大的存活率和利润空间。

另外一条路是上班，选择趋势性的行业或者有经验沉淀的岗位，从收入上来讲要高一些，提升得要快一些，能选择大城市不选择小城市，能选择沿海不选择内陆。从大数据来看，互联网、房地产、金融是三个收入最高的行业。这是从选择大于努力的角度看。

如果说我们不进行战略性的选择，只是在现有的工作中如何有更高的收入？第一，首先来讲要理解领导及公司意图。因为公司的意图是逐级传递的，可以让工作事半功倍；第二，百分之百、不折不扣地完成领导安排的工作及任务，并且及时反馈；第三，领导要求的作业完成之后，想有没有第二种、第三种更好的方式，同时想领导为什么会有这样的一个工作要求？对于组织，对于企业的帮助在哪里？第四，我们认知和行动边界的扩展，比如如果你能有毅力每天写工作日志，并且进行360度学习模仿，即上级、同级和下属的优秀经验和工作成绩总结，并在日志中描述他们下一步应该怎么做，现在团队什么状况，有什么不足，应该有什么的方案。不是优秀者生存，也不是弱者生存，而是适者生存。很多时候不是我们要求公司为我们做什么，而是想想我们为公司做了什么，付出了什么。

风险与收益均衡；付出与回报均衡；不管做生意还是上班，用心积累、沉淀总结、换位思考、日积月累总是最为优秀的品质，不可或缺。

四、年轻人的第二套房是否应该买

首先讲的是有购房资格的情况下，是否应该买？要考虑以下几个因素。第一，资金实力如何。具体为贷款还是全款，贷款时间长短，利率和月供金额在多少，是否可以承担得起？第二，买的时机是源于内在需要还是源于羊群效应？还是面子问题？是自己需要入住？还是有怎么样的考量？购房逻辑是什么？单纯说，不管这套房子的面积大与小，金额高与低，关键是有资格的限制。大城市的房产有时候比钱更值钱，买房的难度比赚钱的难度还要大。只有限购城市的房子才可以考虑是否应该买，所有的不限购的城市不应该买（来保值增值）。

买入房产要综合考虑房票（买房资格）、贷票（贷款资格）和首付（金额），这是实操三大要素。资金量小的可以买在一二线郊区，但要多踩盘，多研究，仔细甄别。房价快速上涨往往在即将融入主城的郊区发生。已发展完善成熟的地段，大家都看得到，价格也不会低，购买这样的区域能获取一般的涨幅。花时间花心思研究城市规划和空间布局，找城市正在重点发展的区域。安排时间到不同的城市、不同板块现场看一看，顺便旅游、散心，对比得多了，孰优孰劣一目了然。视野可以宏观，规划可以长远，落地多少一看便知。

经济具有明显的长短周期，任何一个城市也都有其特有的周期和旋律。上涨的时候买买买，下行的时候多研究多考察，一旦有启动的迹象就行动起来。对待买房，一定要心平气和，按部就班，终将收获丰厚回报。任何一个闲暇之余，请拿起书本或背上背包，读万卷书，行万里路，阅百座城！

五、房产精装修与买房即有证的利弊

如果不谈价格就谈选择会有些不负责。如果同样的价格，那肯定是选择精装修的房子比较好，但是往往现实是，精装修增加了成本，比毛坯房要贵一些，但是贵多少很关键。

精装修是增加的一道工序，代表着两种可能性，第一种是性价比很高，一线城市的精装修更靠谱一些（房价很贵，装修成本占比很低），二三线城市的精装修参差不齐（房价较低，装修成本占比较高）；第二种，是存在着一些细节不足。如果是自住的，甚至还要再花费时间和精力进行局部调整置换，但是比自己全部装修事情要少多了，有个好处是可以快速地提高小区入住率，让物业服务和配套更快地完善。

另外，随着国家对精装修的要求逐渐落地，是否精装修的问题再过几年可能将不再会探讨，无非就是价格和精装修风格标准的问题。今天的精装修一个楼座一样的标准，随着竞争的激烈，以后可能可以定制风格。

买房即有证，好处非常明显，不会存在烂尾，有较强的金融属性。然而，凡事都是生意，开发商企业要考虑资金的回款周转。如果你要求交房即拿证，装修也要精装修好，这些资金成本要转移给消费者。换句话说，正是因为有了预售制度，开发商企业可以快速周转，有限的资金下建造更多的房子，可相对便宜地买到房子。如果没有预售制度，也没有银行的按揭支持，那么将会大大地延迟企业的规模化扩张，延迟房子的交付数量和周期。我们可以提前借用金融杠杆买到自己想要的产品，对应地，我们也要提前承担对应的资金成本。这是一脉相承。

六、多维视角下的优先与取舍

针对职场人来讲，没有"事少、钱多、离家近"。我们作为成年人，不能"既要""又要""还要"，成人的世界里没有容易，总是要有所取舍。目光所看到的世界是三维立体的，如果再加上时间的跨度，这是一个四维的时空，根据我们生存和发展的优先级，看似单纯一个选择，背后涉及轻重缓急的判断。

基于四维视角，答案（方案或选择）是因人而异的。笔者写得再完美，总是有人会发现并不是100%适合自己。尽信书不如无书，最关键的是读者怎么认为，哪些是认可的，哪些是不认可的。你不认可的，认为应该怎么做？当你已经明确答案的时候，便是成熟稳健之时，当过上三年五年、十年八年，房子涨了或者房子跌了，或者家庭人口增加，再反思复盘曾经的想法（认知），再与书籍的描述进行对比。哪些是变的，哪些是不变的，异同在哪里。或许山重水复疑无路，柳暗花明又一村。感谢我们曾经所缴纳的学费，感谢所进行的思辨。

往往两个事情没有任何关系，但是舆论或许莫名其妙就联系在一起了。真实的世界中，同一个时空下，热点区域涨，冷门区域降，同时存在。楼市明灯不多，"苦海明灯"却不少。所谓苦海明灯，就是十次预测有九次错误，并且乐此不疲地进行预测。苦海明灯预测升值时卖，预测降价时买，也是个不错的策略。至于哪些是苦海明灯，大家也许心里有数，唱衰的基本属于这类。

　　信息差，决定收入；

　　认知差，决定圈层；

　　圈层差，决定财富分配。

　　我们的每一分财富，都是对世界认知的变现。

CHAPTER **7**

第七章　价值观

第一节　求生存

一、置业与婚姻

想象一个场景：每天晚上九点十点，不管刮风下雨，都有人给您送吃的：可能是一碗粥，可能是鲜牛奶，可能是一个麻辣烫，或者任何你想吃的，可能非常简单。请问您感动不感动？想十秒。我的答案是，如果你在一线、二线、三线城市，可能一个月800元～1000元就可以满足你的这些需求，它叫外卖。

真正对一个人好，并不是单纯的嘘寒问暖，更不是刮风下雨给他做吃的，这属于比较基础的，往往少量钱就可以搞定的；真正对一个人好，爱她就要给她买套房，往往女人有了房产后更为心安，比送名贵的珠宝首饰、名车更为恒久。这是对于婚姻的重视，并且房产越多，夫妻之间感情会越真挚。为什么呢？

第一，因为比起房产的"定海神针"，定心定情定钱定保值，其他的事情都是小事情；第二，如果真正的感情破裂了，彼此都不可承受之重的房子怎么分配？有贷款的，没贷款的，不同时期买入的，会很麻烦。把话讲全圆满，并不是说有了房产或多套房产，会让感情不破裂，不会让婚姻发生变化。只是说门槛儿更高了，现实的考虑点更多了，牵挂更多了，不再任性了。我们也知道，所谓的感情不好，大多数都是因为鸡毛蒜皮的小事，不会是因为大是大非的纠结，夫妻之间哪有什么大是大非的争吵？

正是因为有了多套房产，更心平气和，更能全面系统地看待这个世界，不会因为小事而动怒，不会上头发火计较，因为基本盘更稳，底气更足。有恒产者有恒心。

二、置业与教育

教育好下一代是家庭内的"政治正确"，是我们绝大多数的希望。但是有一种舆论存在一定的市场：有的人说，哪怕是最好的学位房，也未必代表孩子学习非常好。哪怕孩子学习非常好，也未必能找到非常好的工作及非常好的收入。哪怕找到了非常好的收入和工作，也未必能买得起学位房（学区房）。那请问学位房（学区房）的价值到底在哪里？这仅仅是调侃，但是又说出了很多真相。

家长对于孩子的教育是全方位的，具体来讲，父母的终点是孩子的起点。所谓孩子不要输在起跑线，是说上一代尽量做到圈层最高。我们是否能够让孩子在读书的过程中找到快乐，知道学这些知识的目的，学这些知识的关键和角度、优点和局限性，如果能够知道，善莫大焉。能否让孩子知道学习就像一场马拉松，凡事不要太着急，在于长期的比拼。

人数四大喜事之一，金榜题名时，往往讲的是高考。高考作为人生里程碑，拼的是什么？不同家庭的孩子，最终是智力均值回归，相差不大，富裕家庭的孩子不比一般家庭的孩子笨，意志力也不差。富裕家庭的败家子比例不高的，但是有新闻作用，舆论上喜闻乐见。一般家庭出个逆子，舆论觉得不感兴趣。一流（985/211）的大学，往往只有个位数的录取率，要求孩子很自律，能够进行持续4年～5年的有规律的高强度训练。

孩子成材有几个助力条件：一是住房条件。尽量保证安静的学习环境，好多人住在拥挤狭小的空间，周围都是各种噪音，读书干扰大；农村房子大，但是未必有安静的学习环境。

二是家教进度。初中的题目开始，往往需要靠谱家教的答疑解惑。家教现在很贵的，要么家长自己亲自上马，讲授辅导。

三是加分。各种各样的加分，如果不是人中龙凤，马中赤兔，不是一般孩子可以想象的。

四是平静的家庭环境。家里尽可能没有为经济条件发愁的事情。如果一个孩子的父母三天两头为经济发愁，孩子的心态会存在一定的阴影。当然，你可以举一些个例，但是这种情况比例不高的。看看现在顶级大学的孩子，经济条件一目了然。

随着现在的教育扩招，尽量读重点本科，如果读不上，就读个普通本科，或者专科进而再进修本科，进修研究生，人生也一样可以到达我们想要的高度。花开四季皆应景，俱是天生地造成。只要有一点，不拒绝读书，愿意思考，保持乐观的状态。这才是我们教育孩子的根本：知情达理、善解人意、有韧劲儿、懂进退、知边界。正所谓虎将手下无弱兵，虎父无犬子。因此不管你的房子有多大，建议至少有一间是孩子单独的空间，用于学习或玩耍。

如果某学校生源招生不足，家长在本地有正常工作缴纳社保，租房也可以上学的。如果家长是纯流动人口，没有固定工作，也没有房产，学校接纳孩子，会有一定的风险。如果某学校招生很火爆，学位不够，班级不够，如果你是校长，如果你是招生办，你会怎么做？每个学生都是优秀的，都是无辜的，但是会被人为地贴标签。正如班级里排座位，矮个在前，高个在后，这是按照身高贴的标签。

选择学生入校也有几个标签：（1）户口在本地的房子上（户口本为证，代表有房和有属地户口）；（2）实际居住在自己房子里（装修为证，有房子）；（3）在本地有房子（房产证或者购房合同为证）；（4）在本地居住工作多年（积分）；（5）在本地工作（社保为证）。最终入学的优先级往往是1>2>3>4>5，可能每个地方有差别，但是总体是这个优先规则。

三、置业与养老

养老两个场景：第一个是在老家养老，儿女定期回家照料，常回家看看，这个不议；第二个是在孩子身边养老，场景往往是家庭有一定的经济实力，小城市跃迁到大城市，或者农村人进城，脱离老家，开拓新的疆域。我们的感受是，大多数老人只要是能在孩子身边的，就不会单独在老家。正如能买市中心的不会买远郊区，很多时候是基于目前的困境做出的选择，外人是无法干涉的，也无法指责。正如每个人的脚与鞋子是否适合，只有自己知道。以下利弊分析及考量，供读者参考。

首先，工作在一线城市：如果年轻人在一线城市工作，那么一线城市的远郊（甚至环线）有可能比二线城市的核心还有价值，有以下考量因素：

第一，虽然是在远郊（甚至环线），下一代却可以享受一线城市顶级的教育和医疗资源。教育不仅仅包括学历教育，还有各种辅导班、各种文化名胜古迹；几十公里之外，便可以是全国顶级的医院，一旦遇到疑难杂症，更有优势。

第二，年轻一代在一线城市工作生活，相对来讲，时间上、人脉上、交通便利上要比老家的二线城市更为稳妥（每周往返一二线城市，或者工作日单趟90分钟上下班，会选择哪种？单身的时候会每周每月往返，有了家庭特别是有了下一代，多数人是选择每天往返）。

第三，一旦遇到临时紧急情况，比如生病住院照顾，在本城市比跨城市更为方便。比如像北京的环京、上海的近沪。

其次，如果工作在二线城市：大多数人在大多数的二线城市是可以在郊区（无非是远郊或近郊）给老人买一套的，无非是否下得了决心。决心有两方面，第一个是钱的问题；第二个是意愿问题。最关键的是上一辈老人是否愿意在异地他乡，是否有这种开拓疆土的勇气。如果身体健康，还可以帮着照看孩子。

如果老家是乡下的，买到一个偏刚需的楼盘，人口密度比较大，比较热闹，类似的人群可能更有亲切感。如果住在别墅，或者入住率比较低的高档次楼盘，反倒有很强的陌生感。我们脱离之前的环境差异越大，越觉得不适应。如果原来你就在小城市的市区，那么优先买在大城市的市区。如果以前是在乡下生活，其实第一选择是选择近郊或者城市的边缘，因为你会有很强的亲切感、熟悉感。

老人养老也是要考虑多种因素，年轻一代的时间分配、医疗条件、房产的保值升值空间、交通便利程度等众多因素。把我们能考虑的多项因素进行整理，求同存异进行明确，这是我们思考的关键。

提醒的是不要从第一步的现象或者直观感受直接到做决策，而是要经过中间的经验总结、分析、判断、逻辑推断，这些步骤走过，再充分地整理知识，达到一定的认知密度，进而做决策。本书提供的不是终极答案，而是给了大多数人的参考答案，最关键的是给了众多知识信息关键点，以及一套思考的流程步骤及系列案例。

四、置业与存银行

以前有位长者，批评我说："人已经到了城市，怎么思想和认知还存留在农村！"正如让一个在猴群里被打败的猴王，如果让它变成人，给它一个愿望，给它一个权力，可以完成想做的任何一件事，你猜它的答案是什么，它可能说我要回去打败现有猴王，再做猴王。这虽然是一个玩笑，但是其中的寓意是，猴子的认知（哪怕给了它机会做"人"）决定了它能做的选择。而笔者也是如此。

大多数稳健型、保守型的人还是喜欢存银行。虽然国家也颁布了法规条例，五十万以内的个人存款包赔，但是我们知道哪怕存款一百万，银行倒闭的风险远远低于你买彩票中100万的概率。其次，我们总是讲，穷人总是把钱存到银行，富人把银行的钱贷出来，然后进行投资，加快经济循环，把生产的产品和商品经过包装卖给大众。如此循环往复。

财富正像时间，我们想抓住时间，时间从我们手中漏掉了，我们想让财富永远保持购买力和竞争力，发现也不现实，流走了。退休职工（企业教职工、公务员）等群体，往往每年都会存在加薪的状况。

钱从哪里来，钱如何形成良性循环，这些众多的背后思考，不是我们简单理解想象的那样，只要大多数人的收入越来越高，对应的与人有关的服务一定要越来越贵。只要涉及投入的基础建设越来越多，那么与配套设施、基础设施紧密相连的物件就会越来越贵。那什么物件可以将政府的海量投资沉淀呢？每个人的判断是有差别的，造成了决策的差别。

有人认为房产可以将整个城市的投资利好精华，集万千于一身。有的人认为社会没有任何的更改和变化，社会是静态的，一切美好，存银行最为稳妥！那便是两种选择，两种人生。您选择哪一种呢？

五、置业与日常消费

有读者会有疑问，怎么还会谈这个问题？笔者回复一下，此次所讲的消费是指消费构成。比如每到发工资之时，便是最开心之时，想先去好一些的饭店，亲人朋友聚餐，或者同事轮流组织聚餐；不想做饭了就点个外卖。正所谓只买贵的，不买对的。

在笔者刚刚工作的时候，父母经常批评我，我是有逆反情绪的，总以为他们是老古董、老旧思想，逐渐地，当笔者工作多年，家庭人口越来越多，房产越来越多，才发现什么才是生活的根本。什么才是真正的美好，什么才是无效社交。

反问自己，我们真的点个外卖就幸福了吗？我们真的穿个漂亮高贵的鞋子，背一个好的包包就自信满满吗，就感觉充满了荣耀吗？有种说法："这人内心要多匮乏，要拿外在的物件，来证明自己的贫穷或富有。"这种说辞有明显的价值倾向，但是笔者想说的是：我们人生的快乐在于内心的安宁、满足与祥和。春雨润物细无声，而非烈日灼心。

我们如何去权衡消费和置业，是摆在每个人面前的一道考题。我是保证基本的消费水准，去住更大的房产，更多安静的时间去学习，还是我愿意花更多的金钱和时间去感官消费。我们普通人在原始积累完成前，能节省就节省；一旦完成了原始财富积累，如何让消费和投资兼备，是一个避不开的话题。因人而异，但此时此刻，您可以做一下思考，如果您觉得有必要保持现状，可以继续；如果您看完以上分析，认为需要调整，那恭喜您。笔者相信极简生活，杜绝无效社交！一切极简！

第二节　谋发展

一、置业与学习

　　笔者发现不少有高学历的人，他们对于房产的了解，有蛮多的局限性。因为我们的教育首先是分科的，其次教育是标准化的，学习内容并不是以实际生活、工作和财富中的实际问题为场景。教育所学的内容，几乎来讲就是自然科学和社会科学。大多数人止步于深挖，往往是一知半解。因此，不要迷信高学历、高文化，他对于事情的关键节点、所思、所想，是否能够逻辑自洽，是否能够清晰明了地进行系统阐述，这是至关重要的。

　　所有的判断都是基于信息数量、信息质量及信息密度的综合结果，一定时呈结构化出现的，并且有明显的边界。换句话说，所谓的流派，最终来讲也都是基于前提假设和路径的差别，最终一定是殊途同归。正如光线的波粒二象性。既是波又是粒子。静态的眼光来看，它属于粒子，动态来看它属于波，它属于波和粒子矛盾的和谐统一。

　　在高科技类的咨询公司，要出色交付一个项目，技术实力、编程能力所占的比重，多说也只有40%～50%。有个Team（团队）更系统化工作，每一次测试方案系统，都要沉淀详尽的文档，这些常规认为不重要的工作，却占据了很大的时间。大量撰写文档的意义何在？写文档对于个体员工、对于具体项目而言，或许价值不高。但是，对集体、对一家持续输出价值的企业而言，文档是方法论的沉淀，是业务逻辑和操作流程的规范。

好处有二：第一，不怕关键员工请假或离职；第二，所有问题都可以回溯源头，找到关键点，并且一次错误不会反复出现。"从个人最优到系统最优，相信集体的力量，不过度依赖天才、核心骨干。"以上可以看到，学习的概念也是很广，我们落地到读书考试。没有孩子天生喜欢读书考试的，你和他讲道理，一小时很容易消耗，但是还是听不到心里去。一个孩子要是想在学习上有出息，必须做到两个要素：自律和细心，考试完美地体现了整个元素。自律就是每天认真上课写作业，雷打不动三小时。细心就是会做的不要做错了，检查一遍。

一个人的成长，需要尽早站到认知的制高点，发挥其势能。古人在成长过程中，需万里拜访名师，金庸笔下的大侠，要么是遇到至高武林秘籍，要么遇到名师点悟，之所以能够行走于江湖，都是拥有了"制高点"资源的加持；如今的父母希望孩子能够考取一流名校，也是希望人生的起跑线上，拥有到达"制高点"平台的门票和内核。

二、置业与户口

健全农业转移人口市民化机制。有力有序有效深化户籍制度改革，放开放宽除个别超大城市外的城市落户限制。除了北京、上海之外的大城市，往往将落户的门槛放到极低，比如租房亦可落户，大快人心。我们知道所有的关注点，在短期内会出现不平衡。比如，2018年12月11日，本年度第75万名"新西安人"落户西安未央，相当于一个中等城市的人口数量，短时间内孩子读书会成为关注点。西安市教育局积极部署，统筹安排，发布《西安市2018年新落户人口适龄子女就学实施办法》，其中"第九条2018年8月31日（含）前新落户人口适龄子女就学。（一）区县教育局应按以下规定在公办学校登记入学：1. 新落户人口适龄子女属于家庭户籍，按照学区划分范围"免试就近"入学。2. 新落户人口适龄子女属于集体户籍，由户籍所在地行政区教育局和开发区教育主管部门根据学位情况相对就近，统筹安排入学。"通过这个文件能看出区别来，都是本城市户籍，都会安排入学，不过家庭是根据学区划分范围，而集体户则是根据学位情况相对就近统筹安排。政府为了孩子上学，也是操碎了心。

我们讲讲背后的逻辑：如果这个区位，人口净流入较少，对应的往往也是招生不足，往往租房也可以上学的。如果这个区位或者城市，人口短期内净流入较多，学校招生数量增加有限，因为学位供不应求，拥有房产可以让户口落在房子上，在供不应求中获得一份确定感。

三、置业与买私家车

笔者刚参加工作时候的疑问是买一辆车还是再借点钱买一套房，时至今日，车子已经贬值到了原来的五分之一、六分之一，而如果当时买车的钱当作首付买一套房子的话，可能五辆车都买回来了，这是过往的现实。从今往后如何？我们先不做判断，只是说今年或者最近这一两年，买房与买车，在资金有限的情况之下，我们应该如何做选择呢？

简单地算一笔账，不管是买十万还是买二十万的，落地打九折，车买完之后，首先来讲燃油消耗，就占有百分之十的车值；第二，每年的保养、维修、违章处理可能又是车值的百分之十；第三，每年的车辆保险少不了；第四是租车位或者买车位。以年计算，少则一两万，多则三四万。如果你买车用来做生意，开滴滴、开出租车，另当别论；我们说大多数职场中人买车代步，关键是城市越大，替换方案越多，比如像公共汽车、地铁、拼车、顺风车等。当然，比较着急时打车不方便，两方面解决：第一个是提前预约，第二个是加钱可以快速打到车或者打高端车。除了代步，还有一种需求是回老家开车回去有面子，这种场景和某段时间密集用车相似，比如密集拜访客户，或者就想过车瘾，那么可以租车。这样的话，成本也是极低的。

　　我们谈这么多，都是在有限资金情况之下，优先级的问题，是考虑到置业或者是买车。有了私家车后，可以开阔眼界，城市内部穿越，往往一小时内抬脚便到，有了一部自己的车子，天堑变通途。这是笔者当年买车的感受。

　　如果您的资金状况极其丰厚，或者说比较轻松、简单，那么您买车的话也比较简单。在大多数城市，比较小的一套房子，也能买一辆比较豪华的私家车。关键是八年、十年以后，车子可能已经是购入价的两折、三折，而房子可能涨了一倍两倍，今天的决策，将会影响五年后、十年后的差别。

　　另外，随着车子的大规模生产，价格逐渐降低，并且随着电动汽车的技术迭代和产能提升，汽车价格越来越普及。随着人民生活水平和收入的逐渐提高，现在车子的拥有量越来越高。通过这些物质都难以体现人在社会中的角色。以上汇总来讲，通过购买环节、使用环节、替代环节，五年十年后的贬值分析，多个角度给大家做一个全面的分析。希望您在置业和买私家车的道路上，认准按照自己内心的呼唤，综合考量，坚定执行，不后悔。

四、置业与股票

　　面对此选择，有一系列非常现实的问题，股票是投资还是投机？持有多少金额，持有多少股数，持有是有多少周期，满足什么条件才能是投资和投机的分水岭？过去这一年或过去的十年，有多少比例的人因此获益？股票里边的一赢两平七亏是真还是假？股票是虚拟的股权还是真实的股权？股票是对应企业价值的平均价格还是边际价格？为什么常规说炒股，而没有说投资企业？对应的房产是投资还是投机？持有周期才多久算投资，多久算投机？贷款比例在多少算投资，在多少算投机？投资与投机差别在哪里？如果我们考虑充分、全面、谨慎、仔细，那是否投机也会演变为投资呢？

从实用价值和增值角度来讲，房产置业的使用价值远远大于股票的使用价值。我们说整体而不是说个别股票，也不说机构投资者，而是讲个人投资者。从增值角度来讲，这个股票的增值往往是你赚下一个买家的钱，从企业红利中赚的比例非常非常少。

人口净流入区域大都市的房产，除了抵御全球化的通货膨胀，还有享受增值，包括周边地铁、高铁、教育、医院、产业等配套的红利。从经济学角度，它是整个社会正向外部性的体现。

有时候开玩笑讲，只有银行认的东西才是真正的东西，其他的不过都是幻象和泡沫。是的，我们在股票里面看到有的企业，会几个小时内股票跌停，甚至勒令退市。但是我们几乎很少看到房产能够在很短的时间之内化为乌有、人间蒸发。

最后，到底哪种标的物是投资？如何辨别是投机？到底谁是泡沫？谁是实体，谁是虚拟，要么加持房产，或者加持股票，基于你的判断。

五、置业与一般投资

我们在职场中工作久了容易产生幻想，会以为无所不能，经常说投资创业，我开玩笑讲，你们的投资创业，和在小区门口开个擦鞋铺有什么差别？开早餐店有何区别（这里不是鄙视擦鞋匠和开早餐，寓意是正常老百姓的生意）？是否赚的也是辛苦钱，是否也是体力活，是否门槛较低？

言归正传，我们看沪深主板上市公司。"截至2019年4月30日早间，沪深两市3610家上市公司中的3602家披露了2018年度财务报告。总体来看，2018年所有披露A股公司合计实现营收452509.1亿元，合计归属母公司股东净利润33833.46亿元。而在剔除金融、两油之后，上市公司2018年营业收入合计327562.9亿元，净利润合计15441.41亿元。"净利润率分别为7.48%和4.71%。这可是我们全国的精英企业，精锐中的精锐。

第一，请问哪里来的自信，认为你比这些精英企业利润率还高？第二，我们的投资存在着多大的成功率和独特的优势？具体来讲，我们是人才优势、体力优势、智力优势、技术优势还是资源优势，还是时机的红利？是不是人无我有，人有我优，是不是人优我转，人转我新？如果不是，哪里来的底气呢？哪里来的自信呢？投资需谨慎，酒好莫贪杯！

　　另外投资一定要考虑，我们的项目在整个产业链中的价值有多大的不可替代性，是低层次的重复性建设，还是推动了产业行业往前发展。这需要做充分的分析了解。正如我们购置房产，不要凭感觉下决定，而要收集足够多的信息数量，确保信息质量，而形成一定的信息密度，再做决策，或许更能够游刃有余，成功率更高。投资一定是基于市场需求，一定是基于竞争对手较弱较少，一定是基于自己有别人不可替代的能力。以上三者缺一不可，便是精益创业的精髓。

第三篇

房产价值及案例

第八章　价格与价值

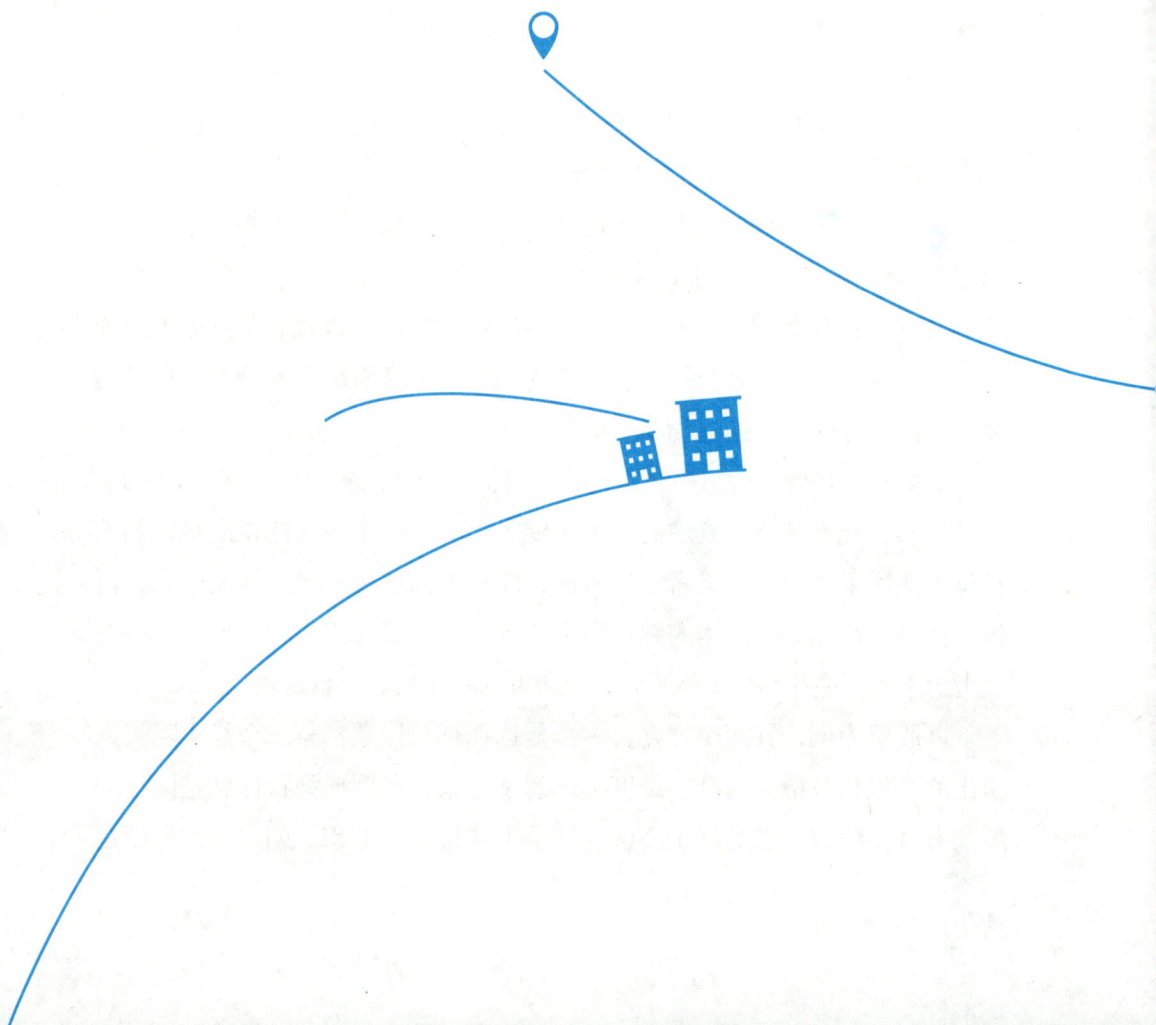

第一节　需求与供应

一、三种知识和背景

信息和知识常规分为三类：

第一类是事情本来的模样和规律，系统性地讲述出来。一般教科书、各个企业的制度、工作标准流程方案都属于这一类。

第二类，是以我们个人或者主体作为描述对象，围绕着相关干扰或影响要素的描述，这是典型的学以致用。

第三类：普遍还存在一种既没有系统性的描述，也没有深刻的单点描述，而是带动我们个体或群体的情绪的话语，夹杂着部分的规律。这是常见的，很容易把我们引入误区。

最简单的是商品价格的涨跌，这个事情已经让众多经济学家、史学家、房产专家，挠破脑袋，到底到多少个要素影响，有多少人能说清楚它们的具体干扰因素是什么？笔者尝试着进行完整性描述。房产，涉及个人、群体、社会运行等众多因素的综合角力，各方向各方面因素相互咬合。一方面考虑不到，往往结果截然不同，正所谓一招不慎、满盘皆输。

以股票为例，其两个维度，一个是选择哪只股票？第二个是实际买入卖出的时机和数量。房产的维度远远超过股票，股票典型特征就是同样的股票有众多股数，但是每个小区的房子不同楼层、面积、朝向、户型都是不同的价格，并且有涉及同样物理属性的房子，在不同的城市，或同一个城市的不同板块，或不同板块发展阶段，甚至不同物业下，它有截然不同的价格，再加上买入买出时机的维度，以及限购限售等附属条件，远远比股票麻烦得多。

股票专家经常被"打脸"，其实在他的领域已经很专业了，各种测算工具，各种理论，然而到了关键时刻却总是无效。换句话说，所有的细节性的研判描述，更多是关注动向，更多是历史和经验的沉淀，并不是股票涨跌的根本逻辑。

房产领域"狗头军师"更多，一部分是为了谋生，一部分确实是存在着认知和思维的局限性。那么基于此查阅各种资料文献，尽量还原底层逻辑，都是为了在不确定性中寻找确定性。

二、供需关系影响价格涨跌

房价涨跌的底层逻辑并不神秘，是经济学的基本规律供需关系，供应量大于需求量，价格下降；供应量小于需求量供不应求，价格上涨，那么再细一点精准一点，就是特定客户群体的特定供应大于特定客户群体的需求，那么价格下降；特定客户群体的供应量小于特定客户群体的需求，那么价格上涨。

为什么加特定？市场需求是细分的，并且与时间段有关，因此看到的便是眼花缭乱的市场行为和市场表现。

第一个，政策。新商品房建筑面积"7090政策"[①]，就是低于90平方米的楼房占比70%以上，超过90平方米的楼房不超过30%，目的是给让更多的人买得起房子，同样的土地建设更多的房子，让普通人有住新房的机会。当

[①]　国务院办公厅转发建设部等部门关于调整住房供应结构稳定住房价格意见的通知，国办发〔2006〕37号。

长久以往，绝大多数人住在90平方米以下的房子里，当他们经济改善或者人口增多，他们希望力所能及的置换到超过90平方米的房子里。

第二个，趋势。比如放开二胎或者放开三胎，原本市场上两个卧室三个卧室房子的需求和供应是相对平衡的，因为这么一个政策的变化，突然之间打破了平衡。哪怕需求量增加是有一个过程的，但是预期已经明显，趋势已经明显，自然而然的供应方将会提高细分领域产品的价格。举例，家里有两个孩子的，特别是一个男孩一个女孩的，并且三代同住，那么一个卧室就非常不方便，可能三个卧室才是他们的需求。

第三个，限购。是人为地降低供应量或限制需求量，比如需要户口或者需要工作满一年或者本城市只能买一套，本城市本户口可以买两套，外地人只能买一套等，让特定客户群体明确化，但是会产生错综复杂的场景。

第二节　供应量

一、影响一：土地供应量

我们不少人认为房子供应量少，最直观的原因是开发商建设的少。我们先不考虑开发商为什么愿意建房子，也不考虑为什么愿意在这个城市发展，也不考虑企业建设发展成长的初心是什么，开发商越多，建房越积极，供应量就会越来越多，如果企业数量减少或者不积极，那么供应量肯定自然降低。如果某个特定区域，有新的开发商加入，那么将会导致供应量增加。

如果是外来的开发商进入这个城市，会采用收购本地开发商部分或者个别项目公司的情况，还有一种方式直接从政府相关部门进行招拍挂，获取土地，价高者得之，相对公平。

巧妇难为无米之炊。巧妇便是开发商，米便是土地。除了开发商的限制，还有就是土地供应量，如果没有住宅土地的供应量，开发商也无能为力。土地来源涉及棚户区改造，涉及老楼旧楼的拆迁，涉及一些工业厂房的搬迁，涉及盐碱地荒地等闲置土地的重新利用，其根本是城乡规划，最终落实到政府的整体土地出让计划。

在这里要补充的是，棚户区改造和拆迁都涉及赔偿，甚至还迁房的建设，都是成本，另外这也是动力和阻力。有人会问，为什么既是动力，又是阻力呢？动力是同样的土地空间有更多的价值可以呈现，会驱动相关利益群体解决这个事情；阻力是有个人或群体执行推进过程中获得的利益不均，所谓的"钉子户"，是其中一个典型特征。土地整理要投入巨大的成本，水、电、气、道路、学校、医院、产业等都要通盘考量。

二、影响二：金融机构

米有了，巧妇还要有什么？还要有锅、有火。就是金融机构。如果没有银行和非银行机构的资金助力，开发商拿土地建设风险周期很长，速度会很慢。

金融机构支撑两个方向的业务，一方面是支持开发商，有了土地之后，根据建设工期，进行抵押贷款；再一个是购房者，买房者的住房按揭贷款。

以上两者，可以促进房产的生产和流动，金融中介作用是极其重大的、不可或缺的，此环节的疲软或者是束缚将影响着供应方和需求方的流动。

三、影响三：耕地及城市的边界

土地属于不可再生资源。城市规模扩张的过程中大概率会占用耕地，耕地是我们赖以生存的粮食的不可再生资源，会有粮食安全的风险。有人可能会说我们有外贸，可以支持我们的粮食安全，但是容易受制于人。一旦有了特殊状况，天灾人祸甚至战争，那生产粮食可并不是随时随地即时发生的，都要进行土地的整理，播种施肥周期很久，但是我们一日三餐却少不了，所以粮食安全和保护耕地被提高到了国计民生的高度。

城市是有边界的，有人口的承载能力，特别是我们匹配的水资源、燃气、石油等，环境承受能力都是有一定的边界和上限的。一旦突破了它的边界，将会影响城市的运行质量和运行规律。

第三节　需求量

怎么分类都没那么完美，总是有一些不足。抛砖引玉，给大家分享看需求的三个角度。

一、角度一：刚需和改善

什么算是刚需呢？大家想每年都会有数百万的大学毕业生，包括大专、本科、硕士和博士等，优先是考虑在城市工作，希望体面的工作，丰厚的收入，他们是刚需群体置业的主力军。工作几年之后就涉及结婚，组建家庭后，相当于购买力倍增。

现在的时代和以前不一样，农村人结婚也往往在县城买房，至少在镇上买房；县城的结婚，往往要在地级市买房，在一定程度上，也会成为一种攀比。还有一部分群体是离异或者再婚，又涉及新家庭的调整、房产的置换，这些都称为刚需。

改善的典型场景，比如说新增加了人口，现在随着全面放开二胎，人口的增加，原本的房子就不够住了，房子要卖掉或者再买一套。那再一种，就是经济状况改善，随着新兴行业的崛起，收入越来越高。以前的房子看不上眼了，想换好的，进行消费升级，特别是现在新出的楼盘，物业好环境好，户型又好又漂亮，借钱也要付首付，贷款也要买。

最后一方面，是比较基础的，有些房子还是三五十年前的一些老公房、老破小。上下水、户型、隔音、保暖、绿化、物业服务都存在着些许的问题，并且不可调整，这就涉及住房质量的改善。

二、角度二：拆迁类

房子从物理结构上来讲，也是有寿命的，涉及一些危房的改造改建，甚至拆迁。还有，政府规划或建设相关的公共设施，比如高铁、场馆、医院、学校类，涉及原住居民的拆迁，拆迁后便是货币或者房产补偿，本地或异地安置。

还有一类，是棚户区（城中村）改造，从此享受城市化的红利。棚户区的形成是受多种因素影响的，那可能是城市化的要求。棚户区改造，往往是补历史旧账，利国利民。

三、角度三：人口的迁移及生产力的进步

首先是城市化与逆城市化。社会的发展进步就是让人的能力更全面更自由地发挥。人口的迁移聚焦落地是城市化。农村人进城或者小城市人进入大城市，这属于人口的聚集。

全球范围之内，虽然处于不同的发展阶段，但是总体上是人口在聚集的过程，往大城市、往中心城市聚集的过程，为了追求更好的教育、医疗、就业、法治以及配套的自然资源和产业资源。像我们的首都就是国家和全球人才的聚集地；中心城市和省会城市，也是区域内的人口聚集之地。

再一个是逆城市化，很多人为了追求更舒适安静的自然环境，进入城市的郊区，远离城市喧闹，郊区城市化的状态。这属于人口的分散。

其次是源于经济增长。人们对于美好生活的追求不会停止，那么人均居住面积和环境的改善是随着经济增长的必然选择，这也是为什么一个城市靠近上市公司或高新技术企业密集的地方，是房价领涨者，具体来讲，随着经济的增长，人民收入的普遍提升，将会极大地促进房屋的需求。

最后是生产力的进步，貌似是一个学术术语，离我们很远，我们落地来看，新的交通工具的发明及普及，比如像地铁、城际、高铁，可以拉通城市内部和城市之间的距离。

步行（人力车）的时代，城市的边界可能两三公里；马车的时代，城市的边界是四五公里；公共汽车的时代，城市的边界是十公里；地铁时代，城市的边界是半径三十公里；城际的普及，城市的边界可能是五十公里，形成了城市群、城市带。交通工具对于城市边界的扩大是至关重要的限制因素，想致富，先修路，地铁一响，黄金万两，已经是非常明确的信号和标识。

在疫情的影响之下现代化的线上办公，进行了大范围的普及，大大提高工作效率，让工作生产进度风险随时可查可监控。企业资源管理系统ERP、客户管理系统CRM，管理人员的灵活使用都将极大地促进生产力的进步，自然地，进一步又反过来会影响我们生产工具的迭代和变化，相得益彰。

第四节　客户画像

一、北京购房者客户画像

北京购房者的画像：

（1）本地人刚需（结婚、离婚、生子）；

（2）本地人改善（添人口、配套位置改善）；

（3）北京户口家庭第二套的保值增值（财富存储）；

（4）外来人口进京，有购房资格及资金（上车盘或改善盘）；

（5）全国顶级家庭向往圣地（全球最没有泡沫的城市，14亿人向往的地方）。

北京三千多年建城史，累计一千多年的建都史，文人墨客聚集之地，政治、文化和创新高地，再多的笔墨也无法完整地形容它的独一无二和傲视群雄。关于购房方面的总结：全国最严苛的限购、限价、限贷，以及最严苛的落户政策；房住不炒的舆论导向，导致房价无泡沫，需求真实存在，并且汹涌澎湃。

二、上海购房者客户画像

上海购房者的画像：

（1）本地人刚需（结婚、离婚、生子）；

（2）本地人改善（添人口、配套位置改善）；

（3）上海户口家庭第二套的保值增值（投资）；

（4）外来人口进沪（特别是长江流域），有购房资格及资金；

（5）全国顶级家庭向往圣地（全球除北京外，最没有泡沫的城市，14亿人向往的地方）。

发源于青藏高原的长江，蜿蜒6000多公里后入海，如一条横贯祖国东西轴线的巨龙，其龙头便是上海，千年来一直蓄势待发。源于自然气候和水土便利，江南是我国主要的粮食产区，南宋民谣提到"苏湖熟，天下足"，苏州、湖州丰收，天下人的食物就都充足，一般特指苏湖地区十分富足。

近百年来，上海的区位逐渐从幕后转向台前，特别是1843年上海开埠以来，便开始向成为世界级大都市迈进。特殊的位置，使得上海能在开埠后，逐渐将内河、长江、沿海和远洋的航运贸易联系在一起，形成以上海为中心的世界性贸易网。

三、环京购房者客户画像

距离北京天安门30公里~60公里的地方，属于河北，往往称之为环京地区，比如燕郊、大厂、香河、固安、涿州、永清等。

（1）北京户口购房资格买满，闲余资金转至环京（保值增值或度假休闲）；

（2）北京买入一套房产，第二套买不起，闲余资金转至环京（投资或者父母居住）；

（3）北京退休人员将市区房产以6000-8000元/月租出去，租金抵月供及生活费，环京置业养老；

（4）"北漂"无购房资格或无充裕购房资金，外溢至环京；

（5）东三省、西部省、河北、天津、山东、河南、山西等临近省份无北京购房资格，置业环京（自住或为孩子准备）。

以上为除去本地刚需、改善之外的需求分析。

四、青岛购房者客户画像

青岛是全国五个计划单列市之一，十五个副省级城市之一，2020年人口一千万左右，经济总量山东第一，是全国知名的旅游胜地，青岛是产业、教育、医疗、治安、生活舒适度兼备的城市，每个山东富裕家庭都以在青岛有房为荣，东三省群众除了海南，第二个想度假养老就业的便是青岛了。青岛购房者的画像：

（1）本地人刚需（结婚、离婚、生子）；

（2）本地人改善（添人口、配套位置改善）；

（3）山东人富裕家庭自住、投资、养老需求；

（4）中国北部城市富裕家庭旅游养老需求。

五、天津购房者客户画像

天津是我国的直辖市、国家中心城市、超大城市，2020年常住人口1500多万，天津购房者的画像：

（1）本地人刚需（结婚、离婚、生子）；

（2）本地人改善（添人口、配套位置改善）；

（3）外来人口进津，有购房资格及资金（河北、山东、河南、东三省临近省份较多）。

第五节　买房逻辑

买房是有逻辑的，两方面，一方面是考虑关键要素，一方面是优先顺序。从几十个要素中挑选出品质、学校、板块、配套、地铁、价格、医院、产业等八个核心要素将其量化，作为买房的考量点；根据刚需、改善、养老、保值等四类需求将其排列组合，分出优先级（买房逻辑）。

一、买房考量点

品质：外立面、物业服务、小区环境及开发商品牌，优秀为7~8，顶级为9~10；

学校：二类学位房或者顶级分校为7~8，顶级学位房为9~10；

板块：重点发展板块为7~8，全国知名板块为9~10；

配套：商业服务业等，待发展为5~6，初步发展为7~8，发展成熟为9~10；

地铁：3~5公里为5~6，2~3公里为7，1~2公里为8，500米以内为10；

价格：性价比很高为7~8，不赚钱/赔钱卖/倒挂/区位笋盘为9—10；

医院：三公里两所三甲9~10，5公里内一所三甲为8，10公里以内一所6~7；

产业：五公里内全国顶级企业总部9~10，10公里内顶级企业总部7~8。

二、买房逻辑

刚需需求群体的优先级：

价格＞产业＞地铁＞学校＞配套＞品质＞板块＞医院

改善需求群体的优先级：

品质＞学校＞板块＞配套＞地铁＞价格＞医院＞产业

养老需求群体的优先级：

医院＞品质＞价格＞配套＞板块＞地铁＞学校＞产业

增值需求群体的优先级：

板块＞价格＞地铁＞学校＞品质＞配套＞产业＞医院

最后是量身定制：

买房逻辑：买房的优先考量点、关注点和决策影响因素；不同的需求对应不同的排列组合，最终是不同的决策模型；最关键的物理状况在越来越成熟和完善，而价格却是动态的，因此很多时候价值一定是与动态价格吻合的或者有获利空间的。

三、买房主观感受

通勤距离感、居住舒适感、金融流动性、身份体验感、购买力约束、生活与配套。

第九章　人口流动背景下的需求

背景介绍

本章以半虚构半现实的写法，以笔者为原型去描述，不同阶段的买房需求：

1. 男士，20世纪80年代有计划生育要求，笔者为独生子女；

2. 出生地：三四线城市农村，距离地级市100公里，距离省会300公里，15岁之前没走出过乡镇，18岁之前没走出过县城；

3. 毕业学校：二线城市普通二本；

4. 所学专业：通用类专业；

5. 在一线城市实习三个月后，认为自己能力和素质要求达不到一线城市企业要求，正好二线城市有行业细分龙头，专业精准匹配，于是选择二线城市就业；

6. 购房的时间周期：从笔者大学毕业、结婚生子到三世同堂，到下一代孩子成长、上学、高考、读大学、就业、结婚、生子，讲述四代人跨越50年周期的购房需求及特点。

第一节　小城市到大城市的人口迁移

一、二线城市安家

类型一：年轻人进城首套房

笔者刚工作收入是比较低的，并且租房成本是省不去的，青春年华，攀比和社交是正常的开销，农村人去了灯红酒绿的大城市，闲暇时间总是约着三五好友到处逛逛，消费消费，所以最终往往所剩无几。

工作上三五年，到了谈婚论嫁的时候，哪怕丈母娘不要求房子，结婚后作为小家庭或者喜得贵子后，总是需要有个窝，摆在面前的问题便是买房时机，以及首付金额及来源。

以2020年为例，夫妻两人手头能积蓄20万～40万，平均单价2万的城市。如果家境较好，给予30万～80万资助，地段选择上便能游刃有余，50万～100万的首付款，可以选择城市次中心或城市核心边缘，80～120平方米的面积，新房或者次新房都可以考察对比看看。如果家境一般，给予10万～30万资助，地段选择比较受局限，往往只能选择城市的近郊或者市区老房子，面积主要是位置和配套来定。

根据决策模型给读者的通用建议：

（1）首付：尽量按照政策规定的最低首付，留一部分剩余资金，以备不时之需；

（2）卧室：尽量三个卧室，一间是夫妻，一间是孩子，一间是老人来照顾孩子或临时客人；

（3）卫生间：尽量两个卫生间。如果只有一个，每天早上都要错开时间，很影响体验感；

（4）交通选择：公共交通便利，靠近公交车站或地铁口或者轻轨；

（5）学校选择：尽力选择中等或头部的学校。如果是大房子和好学校之间，很多人会选择好学校，可能房子会小一点；

（6）贷款类型：选择等额本息，每个月还款一样，贷款周期足够长，尽量30年，时间贷满，原因前文讲过不赘述；

（7）贷款金额：在60万～180万，还款在3000元～9000元/月，可能刚开始会有压力，甚至睡不着觉。一旦结婚了，购买力翻倍，压力就大大降低了，关键安家乐业，欲望降低，不会乱花钱。比如中午工作餐原本点外卖，这样可能从家里带饭，安全健康。工作也会更踏实了，不会因为领导或客户的责备质疑而任性。住房按揭贷款是人生中为数不多的可以长达三十年，贷款利率几乎是最低，金额最大的个人贷款了，机会有限。

笔者可能会选择大房子，而不管是否有好学校，不差即可，对孩子的培养方向是快乐的学习和读书，做个有文化的人。从学历教育来讲，至少研究生即可，有文化和有学历两回事。

关键词：三卧室、两卫、首付、贷款、足够长、贷满、公共交通便利、好学校、学习的快乐、文化和学历的差异。

选择房子，一般称之为刚需，笔者是保留意见的，经济基础决定上层建筑，都是源于资金实力。如果年轻人在好单位收入高，家庭给的资金支持大，可能会选择120平方米～160平方米的核心区位的房产，还算是刚需房吗？

类型二：父母接进城

结婚后，随着小宝宝的出生，不少家庭的奶奶或姥姥就要过来帮忙照看；如果刚毕业买的是三居双卫，三代人一起住，要远比两居室的方便宽敞的多。

如果资金实力不够，买的是两居，可能要凑合着住，偶尔会有不太方便的体验；父母逐渐年老，特别是独生子女的家庭，老家已经回不去，只能跟随下一代进行被动迁移。不管首套置业是三居室或者两居室，三代人如此合住三五年，如果经济条件好一些，会考虑在同小区或者附近小区，再买一套给父母住，给他们留有独立的空间。

笔者建议如果是贷款买第二套的话，最少两居，因为贷款30年低利率的资格是最后一次了。给老人买房的注意事项，可以考虑楼层低一些、采光好一些的。如果是华北地区，物业服务中上等，一楼带院也是不错的选择。如果第二套房是全款的话，面积大小，根据资金实力随意。

关键词：合住、凑合着住、同小区、附近小区、两居，按揭资格、低利率、低楼层、采光好、一楼带院。

类型三：富裕家庭进城

小区里，除了年轻人毕业后安家落户的，还有一种四五十岁的中壮年，从农村（或三四线城市）进大城市安家，经过了解后知道，原来是在镇上做生意发财了，有了三四百万现金，考虑为下一代更好的教育、成长和发展环境，举家搬迁。

根据决策模型给读者的通用建议：

（1）卧室：尽量三个卧室及以上户型，别墅或者复式，都可以考察对比；

（2）卫生间：最少两个卫生间，不赘述；

（3）贷款首付：不少比例会选择全款，舍不得利息支出，并且资金相对充裕，闲置可惜，那么可以和房东（开发商）洽谈全款和贷款的价格差异，如果价格无差别，那么优先贷款，房产交房、房本下发后，贷款付清；

（4）书房：尽量买一个带书房的房子，孩子学习有专属的空间；

（5）学校：优先选择好学校。越贵往往越好，圈层越好；

（6）区位选择，靠近公共优质配套，比如医院、公园、景区等，交通选择，如果自驾车为主的出行方式，那么对公共交通要求不苛刻，还会考虑老乡是否聚集，距离高铁站或者长途汽车站或者高速路是否方便，离不开的乡情，回老家方便。

补充说明：以上三种属于比较常见的典型，也有一些未经过高等学历教育，但是仍然安家，买上豪宅豪车，走向人生巅峰的；也有一些三四城市的小康家庭，来到二线城市做小生意，起早贪黑，也可以安家置业，不过面积小一些，房子旧一些，不管如何给下一代更高的起点。根据资金实力和个人爱好，或选择市区或者选择近郊，这种属于传统意义上的刚改或者改善。

二、一线都市圈安家

背景介绍

笔者在二线城市工作5～8年后，发现遇到了发展瓶颈、职业选择瓶颈、薪水的瓶颈，苦苦思索突破之道。有道是：读过的书，走过的路，看过的风景，旅居过的城市，都会成为我们身体和思想的一部分。没有对比就没有伤害，仍然坚守在一线城市的同学同事，和自己差别较大，从眼界见识、职业素养、工作技能三个方面是有区别的。下定决心，奔向一线城市北上广深。

北京和上海最近几年在控制人口流入，而深圳广州则是大门打开，一年流入几十万人之巨。除了拖家带口的笔者，还有众多刚毕业的大学生来此淘金、发展，寻求人生抱负。

类型四：一线城市能落户

根据决策模型给读者的通用建议：

（1）在一线城市置换成本较二三线城市更高，税费更高，一线城市房价从三四万到十几万都有，尽量一次到位，十年内可以不更换的那种。

（2）买房往往是受到购买力（总价）约束，核心是看积蓄、收入和行业，是否是稀缺和上升行业，保证还款能力，争取买更舒适的大房子。

（3）靠近地铁、靠近CBD（中央商务区）、靠近学校、靠近公园。

（4）具体到郊区新房，还是市区老房旧房，要根据具体情况实际踩盘得知。如何在各种选项中均衡多人意见，可以参考《房产潜力评估表》，将五十多项考虑因素构建决策模型，可以调整系数，进而做出自己的偏好评分。

关键点：尽可能大的房子、公共交通方便、距离上班地点相对方便、靠近学校，可以考虑市区的二手房，也可以考虑郊区的新房或者二手房。城市足够大选择范围足够广，多数人是选择工作方便或有熟悉人际圈子的区位。

类型五：一线城市不能落户，买得起房

如果能在一线城市买房最好了，参考能落户的买房逻辑；如果在一线城市无法落户，就涉及孩子读书便捷性以及高考回原籍的问题；不能落户，那就需要就近（环京或近沪）买一套房，放置家庭户口及解决孩子读书问题。

另外，在一线城市买第二套往往是"极其困难"模式，为了老家父母和孩子，三代人经常（至少一周一次）见面，往往交通便捷的环一线城市买房是最均衡的选择。

如果是上海，那可能考虑地级市苏州，或者苏州旗下的昆山、太仓，或者嘉兴及旗下嘉善，甚至远一些的无锡、南通，也算是1.5居所（介于第一居所和第二居所之间。相比起第一居所，不是那么便利，无法满足每天通勤的需要。但比起第二居所，距离没有那么远，可以兼具生活与度假。）；如果是北京，可能考虑直辖市天津，或者北三县、廊坊城区、固安、永清、涿州、高碑店、下花园等区域，也算是1.5居所。

环一线买房关键点：必须好学校或者新建好学校分校，轨道交通便捷（15～35分钟），小区物业优良，面积最小是两居室；如果性价比很高，可

选择大面积平层或者别墅产品，看自己经济实力和预计入住天数。

类型六：一线城市无法落户，也买不起房

如果不能落户，也没有资格或者资金不够买不起房，那就需要就近买一套房。这种类型的外来人口数以百万计，往往是一线城市中，中等收入者为主（往往高于二三线城市的头部收入，一线城市的低收入群体往往没有在一线或环一线安家置业的打算）。

普遍的认识是：回到二线城市轻则工资打对折，重则失业找不到工作。调侃道：在环一线买房，相当于在老家的地级市买房，每天路途多2个小时，收获的却是一线城市的眼界、就业、收入和人际关系。

根据决策模型给予的通用建议：

（1）和富裕家庭进二线城市一样的建议，能买大房子不买小房子；

（2）靠近轨道交通、好学校、好物业、好户型、带书房；

（3）靠近区域中心、靠近商业综合体、靠近公园。

是否买环一线众说纷纭，为环一线区域正名，这一定要具体到具体场景、具体家庭需求来分析。俗话说，饱汉不知饿汉饥，或者说富裕的时间太久了，不知道穷人的苦。不管是全球、全国，还是具体到某个城市，家庭的财富状况是呈现金字塔形状的，数百万人群（收入较少）也有住大房子、住新房的需求，而一线城市房子供应量有限，并且价格较高。一部分土著家庭，将城里的房子留给孩子住，或者租赁出去，三分之一至五分之一的价格便可以在环一线城市买一套房，并且交通方便、环境好、物价低。

外来人口选择环一线城市是"黑暗中的曙光"，这是唯一能在一线都市圈落脚的基石。可能存在三四线城市的基础配套，二三线城市的消费水准，可以享受一线城市的收入水平，关键是孩子可以就近读书，家长可以往返通勤。

第二节　大城市内部的人口迁移

一、背景描述

沧海桑田，时间在悄无声中流逝，随着笔者工作勤奋，职业发展有目标感，沉淀升级工作技能和职业素养，收入倍增。刚入一线城市买的老旧房子，其各种不足更为碍眼（有蟑螂、下水道易堵、隔音差、物业环境差、户型不合理等）；同时，不知不觉，孩子要大学毕业了，也需要给孩子提前准备婚房。

类型七：一线城市第二套如何购买

千人千面，根据决策模型给读者的通用建议：

新房或次新房、大平层或者别墅、靠近优质学校、潜力或半成熟地段、配套准成熟，同时注意购入时机及价格均衡，考虑持有时间。

如果是普通百姓，能在一线城市买第二套房子，其中一套属于准豪宅，或者改善类型，已经是人中龙凤，恭喜自己！远远比一辆豪车的自豪感持续得久，强烈得多。这类房子也适合孩子结婚使用，或者结婚时，再择机置换为新房。

类型八：人口外溢的养老需求

当退休了，没有心事可以颐养天年了，可以考虑在郊区或邻近城市或舒适气候环境的城市置业了。一般来说，只有大城市才有最好的医疗条件，大都市圈的老人最为长寿，医疗发达，意识先进，可以得到及时的预防、保养和救治。一般距离大都市核心60公里以内的区域都属于大都市圈。若是达到80到100公里，快速轨道交通便捷，勉强也属于大都市圈。市区虽繁华，但是吵闹、拥挤，而郊区、邻近或旅居城市便宜、安静、宽敞，这也是很多老年人的选择，成为稳健家庭的第二居所。

根据决策模型给读者的通用建议：距离好医院要近，好户型，好邻居，好物业，好环境，交通便捷。

类型九：学区房或者学位房

教育机会是均等，但是优质教育的机会未必是均等的，而房产便是享受优质教育的一个通道。每个家庭都希望下一代享受优质教育，当孩子即将上幼儿园，这种需求不自觉地强烈起来。

根据决策模型给读者的通用建议：如果溢价能力不太高的话，还能承受，当买则买；如果溢价能力超出自身所承受经济实力，没有必要。关于学区房学位房的价值，关于教育的说明，前文有详细讲述，不再赘述。

第三节　置业案例

一、房产购置有优化空间

秉承"房住不炒"的原则，讲述在工作生活所在地的安家置业背景和优化思路，前两个案例是无房群体面临的现实问题，第三个案例是有房群体的异地置换，第四个案例是2000万资产的配置。

案例一：金浩，1994年生，未婚，年收入12万～18万，工作地在一线城市，开车上下班，单间月租金2500元/月，老家是西部地区县城，没房产。

背景补充：是否要逃离北上广深，回到老家做小生意？他是犹豫不决的状态。这种职业发展的不确定性让买房决定无限制延迟，但最终只能自己决定。

案例二：乔伟，1992年生，已婚，育有一子，与老婆孩子租房，租金4000元/月，工作地在一线城市，年收入在12万～18万，开车上下班，老家是五百公里外的小镇。他明白市区的老破小无法满足三代人居住的需求，交通的便捷和企业的外迁，让郊区和环一线置业成为良好体验。

分析和建议：案例一和案例二的核心束缚是，收入决定了可以选择的房产范围，要么是市区的老房旧房小房（第一种），要么是远郊的新房中等面积房（第二种），或者是环一线的新房大房（第三种）。如果能落户，优先选择前两种方案，如果不能在一线城市落户，往往选择第三种方案也是权衡中的最佳选择。

案例三：闫哥，1982年生，育有一儿一女，年收入50万～80万，工作地的一线城市没房产，县城老家两套商品房，高速距离大约220公里，驾车两个半小时；高铁大约300公里，高铁耗时90分钟，高铁出站再驾车35分钟到家。背景补充：他老家虽然是县城，但是也是经济富裕之地，本人也有较重的乡土情结，因此在置换上是徘徊的。

分析和建议：案例三是有经济实力购置一套的，县城的房子留一套品质房，剩余的卖掉置换，到上海当作首付。优先买距离工作单位近的，同时具有增值潜力的，本人就不用租房，也不用承受家人分开之苦，团圆欢乐。

案例四：楠哥，1978年生，育有两个孩子，年收入120万～150万，股票2000多万，国内TOP10学府本科和MBA，在上海西外环有一套130平方米房产，带小书房。

分析和建议：他本人刚开始第一次和我接洽时，是排斥房产的，后来一两年后，所住小区均价涨价2万，猛然发现房子涨价抵得上两年收入，相当于五六年净剩余。下定决心房子还是要买的，不会再跌了。这次买就要买终极改善：别墅产品，个人的预期承受能力在1600万～2400万。

四者谈及房产，有难言之隐。谈话间，总会有莫名的恐惧，心有余力不足之感。若是转移换题，比如所驾驶车辆品牌及性能，谈如何旅游打游戏，头头是道，滔滔不绝。或许房产涉及的方面太多太多，单纯一个首付款和月供，让所有的幻想打回了原型。

二、房产与收入成正比

外地人到二线城市自我感觉幸福美满

凯哥，80后，育有一子一女，年收入8万～10万，城市次中心92平方米房产两套；麦哥，70后，育有一子，体制内提前退休，城市次中心，观海大平层一套，远郊房产一套。

外地人到一线城市，自我感觉幸福美满

斌斌，80后，大学同学，育有两子，一线城市一套联排别墅（260平方米），一套独栋别墅（420平方米），公司合伙人，孩子原本上公立学校，后转私立国际学校。

海哥，80后，前领导，育有一女，原始股市值2000多万，一线城市四套房，财务相对自由。

晓芸，80后，前同事，育有一女，年收入30万～40万，五年前在上海落户，并在南外环有一处92平方米房子，老家山东，在青岛和济南各有一处商品房。

杨哥，80后，同学的哥哥，年收入10万～15万，购置环一线城市一套，140平方米，一楼带院。

三、粉丝案例

粉丝客户一：28岁，北京户口，首套首贷，首付有150万，月供1.5万元以内，有合适的可以投资的小区吗？

月供1.5万计算，应该是以您现在的收入来算的，如果接下来的三年五年，有可能达到1.8万～2万，倒推，那么贷款可以达到300万～400万，购买力达到500万～600万。

而你的首付150万，按照银行要求比例（首付40%，贷款60%）倒推，那就可以贷款到225万。如果首付可以多凑几十万，比如200万，那么贷款额也可以达到300万以上，购买力达到500万。

通过计算，稳健来讲，所购买的房产价格最高375万。如果跷跷脚（借钱）的话，可以买到500万左右的房产。如果要求杠杆的话，加上父母的支持，那升级到550万～600万的房子。300万～500万是刚需上车盘的红海竞

争区域，这个区域楼盘数量也多。

我们针对购买力进行了框定，那么再进一步，有没有地铁、学校、住房面积的硬性要求，这些一旦明确，楼盘匹配非常清晰的。购买力越低，紧靠有地铁和学校的盘就越少；提高购买力，往往两者兼具其一。如果两者都要有，那就要考虑面积会比较小。如果三者兼备，就要在600万以上了。

粉丝客户二：北京是买二手房还是买新房比较好？

第一个角度：如果从好坏的角度来讲，是你喜欢哪就买哪，有钱能买哪就买哪，开心最关键。

如果从成人的不问对错，只问利弊。有两类选择：

第一类是投资居住分离，我考虑房产的绝对增值，特别是家庭为单位，到了第二套、第三套房产以后，就选择最大增值潜力的。处女地或者半处女地，百废俱兴。北京发展是往东往南。

第二类是稳健型的，第一套房或者不接受投住分离，就希望在自己工作或生活的地方置业，那就买在离你工作不太远的30分钟到50分钟的。兼有地铁、学校、公园、商业这样的新小区或次新小区。从居住体验感上，楼龄越新，相对来说，户型设计、物业配套会更好一点，但是同样的价格也会更偏高一些。

有些人有非常强的地段歧视，认为出了二环就到了郊区，或者到了五环就到了郊区这样的概念。地铁拉动了整个城市的框架，学校、医疗、公园、商业的配套使得多组团多中心发展成为必然。从以上角度来讲，选择新房相对来讲，是选择城市发展大势。

第二角度：在北京，二手房存在着严重的评估价格不足。比如1000万的二手房银行评估也就是700万到800万，然后再进行贷款的时候进行再打折，评估补足差价的这二三百万都要算作首付里，所以说政策让买房杠杆不足，四百万的首付，本可以买1000万的新房，但只能买市场价700万到800万的二手房。

第三角度：从20世纪全球金融体系的布雷顿森林体系的崩溃，我们的货币便没有了标准，无法兑换黄金。货币的学术名字叫法币，就是法定货币，它是以国家主权作为背书的。那么随着经济繁荣以及特别事件，比如说像疫情，将会导致全球各个主权国家疯狂印钞。但是世界上的物资并没有相应的增加，最后将会使得通货膨胀。如果资金流向老百姓的生活用品，将会是灾难。全球的通用惯例都是优质资产进行涨价，买房的目的之一是扩张资产包，抵御通货膨胀。

粉丝客户三：北七家和亦庄买入哪里？自住潜力更大一些？

我们老是讲地段，这话没错，但是地段在迁移，地铁的开通拉升了城市的框架，同时，由于财政和城市发展的需要，原来的边远地区成为多组团的中心，点状、线状、带状发展（原本的点状发展通过地铁变成了现状，再加上各种利好的叠加，最终形成带状）。

地铁的开通扩大了城市的边界，两个区域都在五环外，自住的角度优先考虑工作上班方便的地方。从保值增值的角度，不仅仅看区位，更要看具体楼盘的价格、户型和面积区间，如果各个方面都相似的情况下，五年角度看选择北七家，十年角度看建议选择亦庄。

粉丝客户四：环京区域有没有刚需？

我们看地形，北京北边和西边是燕山山脉，没有再发展城区的空间，只能往东往南。水满自溢，由于地缘和交通优势，昌平区、石景山区、门头沟区、房山区、海淀区及部分丰台区和部分西城区的本地人口及外来人口外溢至涿州。部分东城区、西城区、朝阳区、丰台区、大兴区和部分通州区人口会外溢至固安、永清。大部分朝阳区、通州区、顺义区人口外溢至北三县。

北京2016年到2020年，平均每年新房供应量6万套左右，这可是一个2000多万人口的都市；而武汉、成都只有1000多万人口，每年的新房供应量都在15万～20万套。数百万北漂外溢，可以享受科技进步、交通便捷的红利。

后 记

一、买房难点及步骤

有的读者会认为，买得起房主要是买得早，现在也买不起。这没错，这是事实的一部分，但是当时买房也有困难，也是需要负债贷款的。总结下来，大多数人都会遇到一样的困难，核心的三个点是：（1）首付不够；（2）贷款压力大；（3）房价会不会跌，现在的价格是不是最低点。

买房是个要实操的行为，我们要知行合一，脚步踏出去，通过三大步：第一步是先通过各个渠道去看房，网上看，现场看，经纪人和置业顾问会给你很多启发，对比每个人说话的角度和立场。每看一套房都用房产潜力评估表进行测算，看十几套便会有清晰的认知。

第二步是根据房产的价格，对应计算出来的首付和月供额，来匹配资金，当看房的过程中，顶级的经纪人和置业顾问会帮助你做助力。

第三步是筹钱，准备购房资格，趁机买入，入住安家。而第一步是所有的基础，对房产、对经纪人、对交易流程就越来越熟悉，就像日常聊打游戏、聊车一样，需要建立起足够多的知识数量和足够精准的知识质量。

二、城市升级与认知升级

城市的升级，离开父母的地盘和怀抱，进行新疆域的开拓。要脱离农村思维，善于借用金融杠杆的作用，来适应社会的发展和变化。如果用父母老一代的线性农业思维，在买房上往往会吃亏。房子不是眼前所见钢筋水泥砖头，房子的价值是基于不断完善的周边配套、就业机会和人口流入。如果等个人原始积累全款买房，敢问积累的速度，有政府投资完善配套的速度快吗？一定来不及！如果来得及，这种地方不值得买，政府往往是先有的规划，然后海量资金进行集中投资，房价往往会快速上涨，来得及吗？我们敢赌吗？

讲到此处，并不是每一个人都愿意买房，正如并不是每一个人都喜欢吃鸡蛋一样，哪怕鸡蛋已经是性价比最高的优质动物蛋白。

永远不要想着说服一个人，永远不要和他人吵架。我们只要在一个人认知的边界上进行开拓深化即可，善莫大焉。

下者看房，中者谋城，上者乘国之宏运！人口越密集，城市越繁荣，经济效率越高，政府效率越高，财力消耗越少。房产研究需上达庙堂，下通江湖草莽，理论知识、历史知识、政府运行模式和市场机制相结合，才能略知一二。

附录　重塑三观：房产潜力评估表

角度	细则	系数	评分	细则	系数	评分	细则	系数	评分
宏观角度	常住人口	10		GDP增速	10		经济增长率	10	
	物价指数	10		货币/M2增速	10		板块轮动及权衡	5	
	近年人口净流入比例	10		城市规划	10		土地出让金财政占比	10	
	每年登记结离婚数量	10		城市化率	10		优质企业数量及质量	10	
	金融机构存款余额	10		城市定位	10		近年住宅土地供应量	10	
	宏观总得分			0					
中观角度	库销比	10		优质学校	5		购买资质	5	
	新入市数量	10		医院级别	3		利率浮动	5	
	选筹笋盘	10		公园景区	10		信贷政策	10	
	购买时机	5		地铁线路	10		房产税费	10	
	改善时机	5		商圈成熟度	10		政策风向	10	
	政务中心距离	10		商务中心距离	10		板块潜力	10	
	中观总得分			0					
微观角度	征信	5		楼层	5		现房/准现房	5	
	流水金额	5		得房率	5		户口/学位	10	
	首付额区间	5		容积率	5		选择户型	5	
	贷款额区间	5		装修/毛坯	5		噪音/隔音	5	
	月供额区间	3		面积和户型	5		采光/取暖	5	
	总房款	5		地铁口距离	5		物业服务及绿化	5	
	资金成本	5		租金	5		停车位富裕	5	
	人车分流	5		外立面	5		交易税费及安全性	10	
	微观总得分			0					
三观	**总得分**			0					

使用规则	一套房产成百上千万，金额巨大，是一个家庭的事情！ 宏观角度　回答：为什么要买； 中观角度　回答：时机及买什么（框架）； 微观角度　回答：怎么买及买什么（细则）； 众多家庭成员如何友好协商达成共识？如何将房产潜力的各种因素进行综合考量？ 如何将多人意见及过程进行量化对比？如何将多套房产的利弊进行数据化分析呈现， 使用此表，调整共识后的"系数"，填写"评分"数字即可，自动生成"总得分"。

参考文献

[1]   陈淮.《广夏天下：房地产经济学ABC》[M].北京：中国发展出版社，2011.

[2]   许靖华.《气候创造历史》[M].北京：生活·读书·新知三联书店，2014.

[3]   竺可桢.《中国近五千年来气候变迁的初步研究》[J].《考古学报》，1972（1）.

[4]   黄汉城等.《中国城市大洗牌》[M].北京：东方出版社，2020.

[5]   陆铭.《大国大城：当代中国的统一、发展与平衡》[M].上海：上海人民出版社，2016.

[6]   徐远.《城里的房子》[M].北京：中信出版社，2018.

[7]   徐远.《经济的律动：读懂中国宏观经济与市场》[M].北京：中信出版社，2018.

[8]   佳兆业集团控股经济研究院.《城市运营核心逻辑：美好生活的责任与荣耀》[M].北京：中信出版社，2019.

[9]   明源地产研究院.《房企战略破局：新周期下房企发展新逻辑》[M].北京：中信出版社，2019.

[10]   杨光斌.《政治学导论》[M].北京：中国人民大学出版社，2011.

[11]   杨凤春.《中国政府概要》[M].北京：北京大学出版社，2002.

[12]   刘蓉等.《政府垄断与税收竞争》[M].北京：经济科学出版社，2012.

[13]   何翔舟.《政府成本论》[M].北京：北京大学出版社，2014.

[14] 朱国宏，桂勇.《经济社会学导论》[M].上海：复旦大学出版社，2015.

[15] 曹伯勋.《地貌学及第四纪地质学》[M].武汉：中国地质大学出版社，1995.

[16] 李兰英等.《政府预算管理》[M].西安：西安交通大学出版社，2014.

[17] 中指研究院.《百舸争流：中国房地产百强企业十五年峥嵘岁月》[M].北京：中国发展出版社，2019.

[18] 应佐萍.《房地产营销与策划》[M].北京：北京大学出版社，2012.

[19] 谭术魁.《房地产开发与经营》[M].上海：复旦大学出版社，2008.

[20] 黄贤金.《土地政策学》[M].北京：中国农业出版社，2007.

[21] 董藩.《房地产经济学》[M].北京：清华大学出版社，2012.

[22] 董藩.《房地产的解释》[M].福建：鹭江出版社，2018.

[23] 杨红旭.《中国楼市真相：喧嚣、幻象下的危机与未来》[M].贵阳：贵州人民出版社，2018.

[24] 任泽平，夏磊，熊柴.《房地产周期》[M].北京：人民出版社，2017.

[25] 任泽平，甘源.《新周期：中国宏观经济分析框架》[M].北京：中信出版社，2018.

[26] 编委会和编辑出版人员.《中国统计年鉴—2021》[M].北京：中国统计出版社，2021.